Elsadig Gamaleldeen

# Estudo do comportamento e da utilidade da VLAN

# Índice:

# Resumo

As LANs virtuais (VLANs) permitem que os anfitriões ligados a um comutador de LAN sejam agrupados em grupos lógicos em função de uma política de gestão e não apenas da sua localização física. Os comutadores de LAN comerciais suportam uma variedade de políticas baseadas em endereços físicos ou lógicos, tipos de protocolo, quadros marcados ou regras definidas pelo utilizador. O objetivo destas políticas é o mesmo: reduzir a quantidade de tráfego que tem de ser encaminhado, agrupando na mesma LAN virtual os anfitriões que provavelmente comunicarão entre si. Esta tese propõe um estudo de simulação e uma abordagem mais direta, mostrando como as VLAN podem ser criadas e removidas dinamicamente em função dos padrões de tráfego medidos na rede. Isto é mais simples do que configurar muitas regras estáticas e permite que a configuração das VLAN se adapte à evolução dos padrões de tráfego. Este último ponto é especialmente importante em futuras LANs que suportem peer-to-peer ou servidor cliente, para que possam estudar e aplicar redes VLAN, comprovando o desempenho da rede quando utilizada. O estudo e a comparação das redes VLAN com as outras redes e as outras redes explicam o futuro, como o controlo fácil da circulação de dados, a adição e a transferência de postos de trabalho facilmente na rede local, para além da melhoria da segurança e da proteção.

O estudo utilizou a aplicação cisco packet tracer para o nível de conceção e a ferramenta de simulação OPNET para obter o resultado final e efectuou uma comparação entre uma rede com VLAN e a mesma rede sem VLAN e provou, através de métodos estatísticos, que a utilização de VLAN é melhor do que a sua não utilização.

# Capítulo 1
# Resumo da tese

## 1.1 Introdução:

A interferência que ocorreu entre os rápidos desenvolvimentos dos computadores e das comunicações é considerada um dos principais marcos que terá um grande impacto na vida futura.

Os computadores e as comunicações distinguem-se pelo seu rápido desenvolvimento e pelas suas aplicações em vários domínios da vida que não existiam anteriormente. No final da segunda metade do século passado, os computadores tornaram-se necessários para a maior parte dos aspectos da nossa vida. Em segundos, o mundo chega à nossa casa e os computadores tornaram-se necessários ao homem para as suas necessidades pessoais e gerais.

O desenvolvimento contínuo dos computadores tornou-os disponíveis para aplicação, em domínios como os bancos, as empresas, as fábricas e os serviços públicos. Dezenas de milhares de computadores que armazenam uma grande quantidade de informação que pode ser transferida de fitas magnéticas para meios de comunicação disponíveis de acordo com o desempenho da informação.

## 1.2 A definição do problema:

1. O crescimento atual da rede que utiliza a rede Ethernet normal sem segurança.
2. A disponibilidade de soluções como (SWITCH) que não são utilizadas corretamente.
3. O alargamento da rede implica mais problemas e aumenta as necessidades de segurança.
4. Receio de utilizar uma rede local virtual (VLAN) por várias razões, como a necessidade de administração, conceção e configuração.

## 1.3 Soluções sugeridas:

Existem várias soluções sugeridas, como a utilização de ROUTER e BRIDGE e também redes VLAN.

Para efeitos da presente tese, a solução sugerida é:

Estudar e aplicar as redes VLAN, comprovando o desempenho da rede quando utilizada. Estudar e comparar as redes VLAN com as outras redes e as outras redes, explicando os futuros:

1. Controlo fácil do movimento de dados.
2. Adição e transferência de postos de trabalho facilmente na rede local.
3. Melhoria da proteção e da segurança.
4. Diminuir a difusão.
5. Fácil gestão da rede.

## 1.4 Resumo da tese:

A ideia deste sistema que vai ser executado baseia-se principalmente na melhoria do desempenho da rede através da ligação de redes locais (LAN) que formam uma rede de área alargada (WAN). Assim, mais de uma rede é ligada entre si. A divisão normal dos endereços é diferente da divisão desta rede, pelo que a melhor utilização do (SWITCH) é efectuada utilizando as vantagens da VLAN.

As VLANs oferecem um meio flexível e ágil de organizar com segurança os segmentos de rede dentro de uma empresa. Apesar da promessa da arquitetura VLAN de simplificar a manutenção da rede e melhorar o desempenho, as questões de segurança suscitaram preocupações e levaram alguns arquitectos de rede a reexaminar os problemas associados. Uma área de preocupação, o VLAN hopping, envolve uma variedade de mecanismos pelos quais os pacotes enviados de uma VLAN podem ser intercetados ou redirecionados para outra VLAN, ameaçando a segurança da rede. Em determinadas circunstâncias, os atacantes têm conseguido explorar estes mecanismos, ganhando a capacidade de detetar dados ao nível do comutador, extraindo palavras-passe e outras informações sensíveis.

A tecnologia de LAN virtual (VLAN) permite-nos separar a conetividade lógica da rede da conetividade física. Este conceito é diferente da LAN tradicional, na medida em que uma LAN é limitada pela sua conetividade física. Todos os utilizadores em Alan pertencem a um único domínio de difusão1 e podem comunicar entre si na camada de ligação de dados ou "Camada 2". Os gestores de rede têm utilizado LANs para segmentar uma rede complexa em unidades mais pequenas para uma melhor gestão, melhor desempenho e segurança. Por exemplo, os gestores de rede utilizam uma

LAN para cada sub-rede da sua rede. A comunicação entre sub-redes é possível na Camada de Rede ou "Camada 3", utilizando routers IP. Uma VLAN pode ser considerada como uma rede física única que pode ser logicamente dividida em LANs distintas que podem funcionar independentemente umas das outras.

A criação de VLANs permite que os utilizadores localizados em áreas separadas ou ligados a portas separadas pertençam a um único grupo de VLAN. Os utilizadores atribuídos a esse grupo enviarão e receberão tráfego de difusão e multicast como se estivessem todos ligados a uma rede comum. Os comutadores Vanadate isolam o tráfego de difusão, multicast e desconhecido recebido de grupos de VLAN, de modo a que o tráfego de estações numa VLAN fique confinado a essa VLAN.

Quando as estações são atribuídas a uma VLAN, o desempenho da sua ligação de rede não é alterado. As estações conectadas a portas comutadas não sacrificam o desempenho do link comutado dedicado para participar da VLAN. Como Alan não é um local físico, mas um membro, os comutadores de rede determinam a participação na VLAN associando uma VLAN a uma determinada porta ou tipo de quadro.

**1.5  Aplicações e programas utilizados:**
1. Programa Cisco Packet Tracer. Conceber e testar o funcionamento de VLANs.
2. Programa OPNET, para efetuar a simulação de todas as probabilidades disponíveis na rede.
3. Microsoft Visio 2003 para desenhos de documentos de diagramas de rede.
4. Ambiente de linguagem de programação C++ para o kernel do OPNET e programação de objectos.

**1.6  Apresentação da tese:**
O estudo começou com o capítulo um, que consiste na definição do problema e na solução proposta, para além de uma visão geral das VLAN, no capítulo dois estudou-se a rede VLAN e as suas partes, bem como todas as definições, tipos e ligações VLAN, no capítulo três o investigador centrou-se na arquitetura VLAN e no seu funcionamento, o capítulo quatro abordou a ferramenta de simulação OPNET e todas as informações necessárias para que os leitores da tese conheçam esta ferramenta, o capítulo cinco incluiu a conceção e o que o investigador fez nesta tese, começando pelo nível de conceção utilizando o Cisco Packet Tracer e a simulação de VLAN com a ferramenta OPNET, representando o resultado da investigação. Finalmente, o investigador apresentou as suas recomendações para as outras pessoas que pretendam continuar a trabalhar nesta área.

**1.7  Resumo:**
Este capítulo discutiu a definição do problema e a solução sugerida, propondo que a melhor solução será a utilização da técnica de VLAN nos comutadores geríveis, esta técnica desenvolverá o desempenho da rede e diminuirá o tráfego indesejado.

# Capítulo 2
## As definições de VLAN, Tipos e Ligações

**2.1 Introdução:**
Uma rede local (LAN) foi originalmente definida como uma rede de computadores localizados na mesma área. Atualmente, as redes locais são definidas como um único domínio de difusão. Isto significa que se um utilizador difundir informações na sua rede, a difusão será recebida por todos os outros utilizadores da LAN. As transmissões são impedidas de sair de uma LAN através da utilização de um router. A desvantagem deste método é que os routers demoram normalmente mais tempo a processar os dados de entrada do que uma ponte ou um comutador. Mais importante ainda, a formação de domínios de difusão depende da ligação física dos dispositivos na rede. As redes locais virtuais (VLAN's) foram desenvolvidas como uma solução alternativa à utilização de routers para conter o tráfego de difusão.

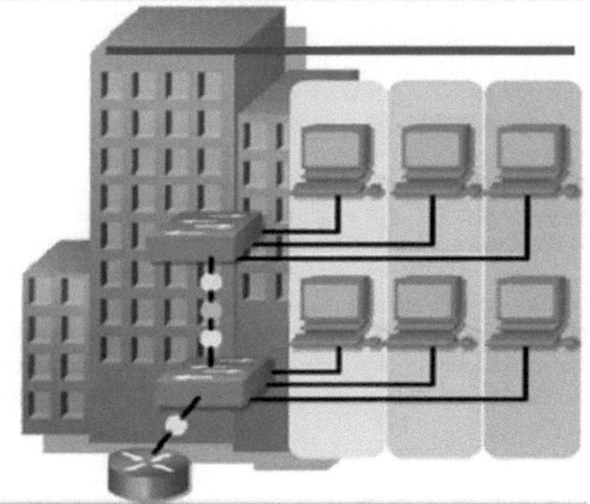

Fig (2.1): Duas redes em locais diferentes ligadas por dois comutadores

**2.2 Definição de VLAN:**
Uma VLAN é um grupo de serviços de rede não restrito a um segmento físico ou a um comutador de LAN fig (2.1). As VLANs segmentam logicamente as redes comutadas com base nas funções, equipas de projeto ou aplicações da organização, independentemente da localização física ou das ligações à rede. Todas as estações de trabalho e servidores utilizados por um determinado grupo de trabalho partilham a mesma VLAN, independentemente da ligação física ou da localização. A configuração ou reconfiguração de VLANs é feita através de software. Não é necessário ligar ou deslocar fisicamente cabos e equipamentos para configurar VLANs.

Uma estação de trabalho num grupo de VLAN está limitada à comunicação com servidores de ficheiros no mesmo grupo de VLAN. As VLANs funcionam segmentando logicamente a rede em diferentes domínios de difusão, de modo que os pacotes só são comutados entre portas designadas para a mesma VLAN. As VLANs consistem em hosts ou equipamentos de rede conectados por um único domínio de bridging. O domínio de bridging é suportado em diferentes equipamentos de rede. Os comutadores de LAN operam protocolos de ponte com um grupo de ponte separado para cada VLAN.

As VLANs são criadas para fornecer serviços de segmentação tradicionalmente fornecidos por roteadores físicos em configurações de LAN. As VLANs tratam de escalabilidade, segurança e gerenciamento de rede. Os routers em topologias VLAN fornecem filtragem de difusão, segurança e gestão do fluxo de tráfego. Os comutadores não podem estabelecer pontes de tráfego entre VLANs, pois isso violaria a integridade do domínio de difusão da VLAN. O tráfego só deve ser encaminhado entre VLANs.

Numa LAN tradicional, as estações de trabalho estão ligadas umas às outras através de um hub ou de um repetidor. Esses dispositivos propagam todos os dados recebidos pela rede. No entanto, se duas pessoas tentarem enviar informações ao mesmo tempo, ocorrerá uma colisão e todos os dados transmitidos serão perdidos. Uma vez ocorrida a colisão, os dados continuarão a ser propagados por toda a rede pelos hubs e repetidores. A informação original terá, portanto, de ser reenviada depois de se esperar que a colisão seja resolvida, o que implica um desperdício significativo de tempo e recursos. Para evitar que as colisões percorram todas as estações de trabalho da rede, pode ser usada uma ponte ou um comutador. Estes dispositivos não encaminharão as colisões, mas permitirão a passagem de broadcasts (para todos os utilizadores da rede) e multicasts (para um grupo pré-especificado de utilizadores). Um roteador pode ser usado para impedir que broadcasts e multicasts trafeguem pela rede.

As estações de trabalho, hubs e repetidores juntos formam um segmento de LAN. Um segmento de LAN também é conhecido como um domínio de colisão, uma vez que as colisões permanecem dentro do segmento. A área dentro da qual as transmissões e os multicasts são confinados é chamada de domínio de transmissão ou LAN. Assim, uma LAN pode ser constituída por um ou mais segmentos de LAN. A definição dos domínios de difusão e de colisão numa LAN depende da forma como as estações de trabalho, os hubs, os comutadores e os routers se encontram fisicamente, o que significa que todos os elementos de uma LAN devem estar localizados na mesma área.

A VLAN é um grupo de PCs, servidores e outros recursos de rede que se comportam como se estivessem ligados a um único segmento de rede. Os recursos e servidores de outros utilizadores nas instalações de co-instalação serão invisíveis para cada um dos outros membros da VLAN. Igualmente importante, as VLANs ajudam a atender às necessidades de desempenho, segmentando a rede com mais eficiência. Ao contrário da comutação padrão, elas restringem a disseminação do tráfego de transmissão ampla, bem como do tráfego nó a nó, de modo que a carga de tráfego estranho é reduzida em toda a rede. A segurança também pode ser melhorada. Uma vez que todos os pacotes que viajam entre VLANs também podem passar por um router, o router standard pode restringir o acesso conforme necessário.

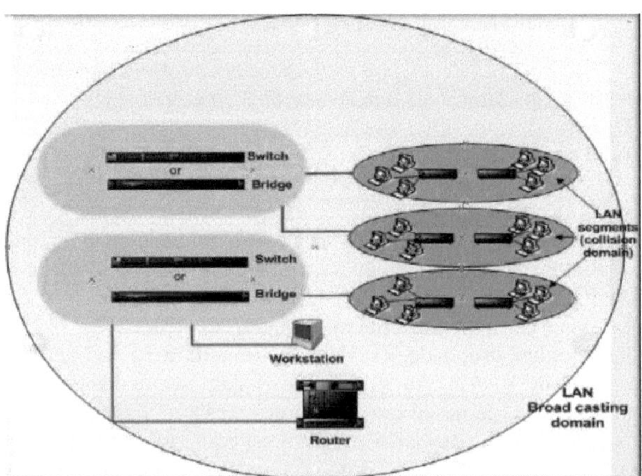


Fig (2.2): Router que liga segmentos de LAN.

As VLAN permitem que um gestor de rede segmente logicamente uma LAN em diferentes domínios de difusão Fig (2.2). Uma vez que se trata de uma segmentação lógica e não física, as estações de trabalho não têm de estar fisicamente localizadas juntas. Os utilizadores em diferentes andares do mesmo edifício, ou mesmo em edifícios diferentes, podem agora pertencer à mesma LAN, como na Fig (2.3).

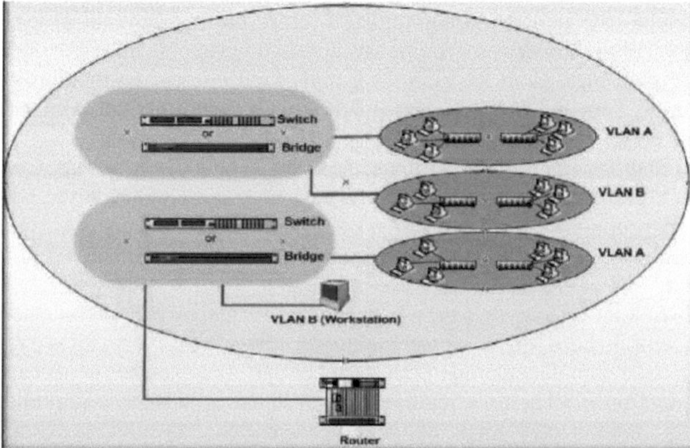

Fig (2.3): Vista física de uma VLAN

As VLANs também permitem que os domínios de difusão sejam definidos sem a utilização de routers. Em vez disso, é utilizado software de ligação em ponte para definir quais as estações de trabalho que devem ser incluídas no domínio de difusão. Os roteadores só precisam ser usados para se comunicar entre duas VLANs.

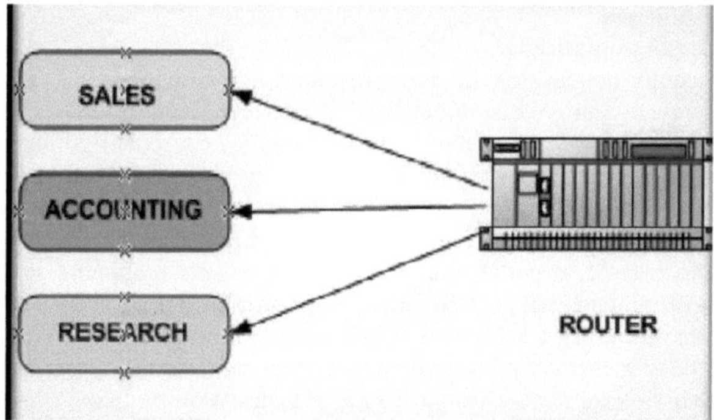

Fig (2.4): visão lógica de uma VLAN.

## 2.3 Necessidades de VLAN's:

As VLANs oferecem uma série de vantagens em relação às LANs tradicionais. São elas:

**1) Desempenho:**

Nas redes em que o tráfego é constituído por uma elevada percentagem de transmissões e multicasts, as VLAN podem reduzir a necessidade de enviar esse tráfego para destinos desnecessários. Por exemplo, num domínio de difusão constituído por 10 utilizadores, se o tráfego de difusão se destinar apenas a 5 dos utilizadores, a colocação desses 5 utilizadores numa VLAN separada pode reduzir o tráfego.

Em comparação com os comutadores, os routers requerem mais processamento do tráfego de entrada. À medida que o volume de tráfego que passa pelos routers aumenta, aumenta também a latência nos routers, o que resulta numa redução do desempenho. A utilização de VLAN's reduz o número de routers necessários, uma vez que as VLAN's criam domínios de difusão utilizando comutadores em vez de routers.

**2) Formação de grupos de trabalho virtuais:**

Hoje em dia, é comum encontrar equipas multifuncionais de desenvolvimento de produtos com membros de diferentes departamentos, como marketing, vendas, contabilidade e investigação. Estes grupos de trabalho são normalmente formados por um curto período de tempo. Durante este período, a comunicação entre os membros do grupo de trabalho será elevada. Para conter broadcasts e multicasts dentro do grupo de trabalho, pode ser configurada uma VLAN para eles. Com as VLAN's é mais fácil colocar os membros de um grupo de trabalho juntos. Sem as VLAN's, a única forma de o fazer seria aproximar fisicamente todos os membros do grupo de trabalho.

No entanto, os grupos de trabalho virtuais não estão isentos de problemas. Considere a situação em que um utilizador do grupo de trabalho está no quarto andar de um edifício e os outros membros do grupo de trabalho estão no segundo andar. Recursos como uma impressora estariam localizados no segundo andar, o que seria inconveniente para o utilizador solitário do quarto andar.

Outro problema na criação de grupos de trabalho virtuais é a implementação de parques de servidores centralizados, que são essencialmente colecções de servidores e recursos principais para o funcionamento de uma rede num local central. As vantagens neste caso são numerosas, uma vez que é mais eficiente e rentável proporcionar uma melhor segurança, uma fonte de alimentação ininterrupta, uma cópia de segurança consolidada e um ambiente de funcionamento adequado numa única área do que se os principais recursos estivessem dispersos num edifício. Os farms de servidores centralizados podem causar problemas na configuração de grupos de trabalho virtuais se os servidores não puderem ser colocados em mais de uma VLAN. Nesse caso, o servidor seria colocado numa única VLAN e todas as outras VLANs que tentassem aceder ao servidor teriam de passar por um router, o que pode reduzir o desempenho.

**3) Administração simplificada:**

Setenta por cento dos custos de rede resultam de adições, mudanças e alterações de utilizadores na rede. Sempre que um utilizador é deslocado numa LAN, é necessário proceder à sua recuperação, ao endereçamento de novas estações e à reconfiguração de hubs e routers. Algumas dessas tarefas podem ser simplificadas com o uso de VLANs. Se um utilizador for deslocado dentro de uma VLAN, a reconfiguração dos routers é desnecessária. Além disso, dependendo do tipo de VLAN, outras tarefas administrativas podem ser reduzidas ou eliminadas. No entanto, o poder total das VLAN's só será realmente sentido quando forem criadas boas ferramentas de gestão que permitam aos gestores de rede arrastar e largar utilizadores em diferentes VLAN's ou definir pseudónimos.

Apesar desta poupança, as VLAN acrescentam uma camada de complexidade administrativa, uma vez que passa a ser necessário gerir grupos de trabalho virtuais.

**4) Custo reduzido:**

As VLAN podem ser utilizadas para criar domínios de difusão que eliminam a necessidade de routers dispendiosos.

**5) Segurança:**

Periodicamente, dados confidenciais podem ser transmitidos numa rede. Nestes casos, colocar apenas os utilizadores que podem ter acesso a esses dados numa VLAN pode reduzir as hipóteses de um estranho ter acesso aos dados. As VLANs também podem ser utilizadas para controlar domínios de difusão, configurar firewalls, restringir o acesso e informar o gestor da rede de uma intrusão.

## 2.4 Norma VLAN: IEEE 802.1Q:

Recentemente, houve um movimento no sentido de criar um conjunto de normas para produtos VLAN. O Institute of Electrical and Electronic Engineers (IEEE) está atualmente a trabalhar num projeto de norma 802.1Q para VLAN's. Até agora, os produtos têm sido proprietários, o que implica que quem quiser instalar VLANs terá de comprar todos os produtos ao mesmo fornecedor. Quando as normas tiverem sido redigidas e os fornecedores criarem produtos com base nessas normas, os utilizadores deixarão de estar limitados à compra de produtos de um único fornecedor. Os principais fornecedores apoiaram estas normas e estão a planear lançar produtos com base nelas.

### 2.4.1 Especificação do protocolo:
A especificação IEEE 802.1Q estabelece um método padrão para marcação de quadros Ethernet com informações de associação a VLAN. A norma IEEE 802.1Q define o funcionamento das pontes de VLAN que permitem a definição, o funcionamento e a administração de topologias de LAN virtuais numa infraestrutura de LAN em ponte. A norma 802.1Q destina-se a resolver o problema de como dividir grandes redes em partes mais pequenas, de modo a que o tráfego de difusão e multicast não absorva mais largura de banda do que a necessária. A norma também ajuda a proporcionar um nível mais elevado de segurança entre segmentos de redes internas.

A chave para que o IEEE 802.1Q execute as funções acima está em suas tags.As portas de switch compatíveis com 802.1Q podem ser configuradas para transmitir quadros com ou sem tags. Um campo de tag contendo informações de VLAN (e/ou prioridade 802.1p) pode ser inserido em um quadro Ethernet. Se uma porta tiver um dispositivo compatível com 802.1Q conectado (como um outro switch san), esses quadros marcados podem transportar informações de associação de VLAN entre switches, permitindo que uma VLAN abranja vários switches. No entanto, é importante garantir que as portas com dispositivos não compatíveis com 802.1Q conectados sejam configuradas para transmitir quadros sem marcação. Muitas NICs de PCs e impressoras não são compatíveis com 802.1Q. Se elas receberem um quadro com marcação, não entenderão a marcação de VLAN e descartarão o quadro. Além disso, o tamanho máximo legal do quadro Ethernet para quadros com tag foi aumentado no 802.1Q (e seu companheiro, 802.3ac) de 1.518 para 1.522 bytes. Isso pode fazer com que as placas de interface de rede e os switches mais antigos descartem os quadros marcados como excessivamente grandes.

### 2.4.2 Estrutura do protocolo VLAN

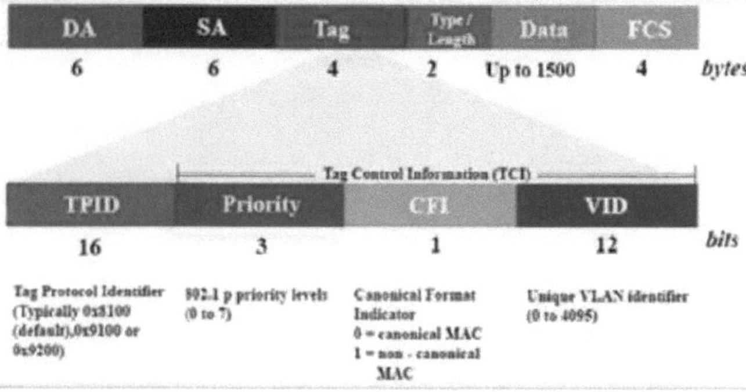


Fig (2.5) Quadro com etiquetas IEEE 802.1Q para Ethernet

- **TPID-** valor definido de 8100 em hexadecimal. Quando um quadro tem o Tipo de Éter igual a 8100, esse quadro carrega a etiqueta IEEE 802.1Q / 802.1P.

- **TCI -** Campo de informações de controlo de etiquetas, incluindo a prioridade do utilizador, o indicador de formato canónico e a ID de VLAN.

- **Prioridade do utilizador -** Define a prioridade do utilizador, dando oito ($2^A$ 3) níveis de prioridade. O IEEE802.1P define o funcionamento para estes 3 bits de prioridade do utilizador.

- **CFI -** O indicador de formato canónico é sempre definido como zero nos comutadores Ethernet. O CFI é utilizado por motivos de compatibilidade entre a rede do tipo Ethernet e a rede do tipo Token Ring. Se um quadro recebido numa porta Ethernet tiver um CFI definido como 1, esse quadro não deve ser reencaminhado, uma vez que se destina a uma porta não etiquetada.

- **VID-** VLAN ID é a identificação da VLAN, que é basicamente utilizada pelo padrão 802.1Q. Possui 12 bits e permite a identificação de 4096 (2A12) VLANs. Dos 4096 VIDs possíveis, um VID de 0 é utilizado para identificar quadros prioritários e o valor 4095 (FFF) é reservado, portanto as configurações máximas de VLANs possíveis são 4.094.

## 2.5 Tipos de VLAN's:

A associação à VLAN pode ser classificada por porta, endereço MAC e tipo de protocolo.

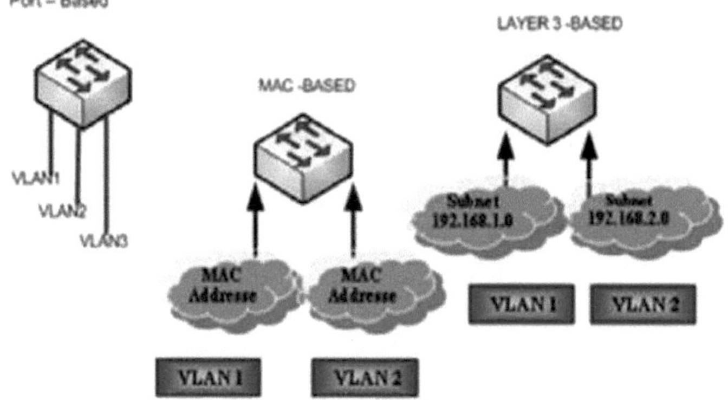


Fig (2.6): Tipos de VLAN.

### 2.5.1 VLAN de camada 1: associação por porta:

A associação a uma VLAN pode ser definida com base nas portas que pertencem à VLAN. Por exemplo, em uma ponte com quatro portas, as portas 1, 2 e 4 pertencem à VLAN 1 e a porta 3 pertence à VLAN 2fig (2.6).

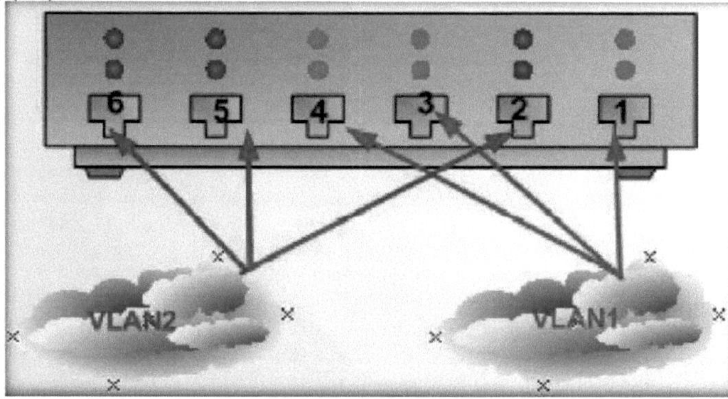


Fig (2.7): Atribuição de portas a diferentes VLAN's.

A principal desvantagem deste método é que não permite a mobilidade dos utilizadores. Se um utilizador se mudar para um local diferente da ponte atribuída, o gestor de rede tem de reconfigurar a VLAN.

### 2.5.2 VLAN de camada 2: associação por MAC

Aqui, a participação em uma VLAN é baseada no endereço MAC da estação de trabalho. O comutador rastreia os endereços MAC que pertencem a cada VLAN fig. 2.7. Como os endereços MAC fazem parte da placa de interface de rede da estação de trabalho, quando uma estação de trabalho é movida, não é necessária nenhuma reconfiguração para permitir que a estação de trabalho permaneça na mesma VLAN. Isso é diferente das VLANs de camada 1, em que as tabelas de associação devem ser reconfiguradas.

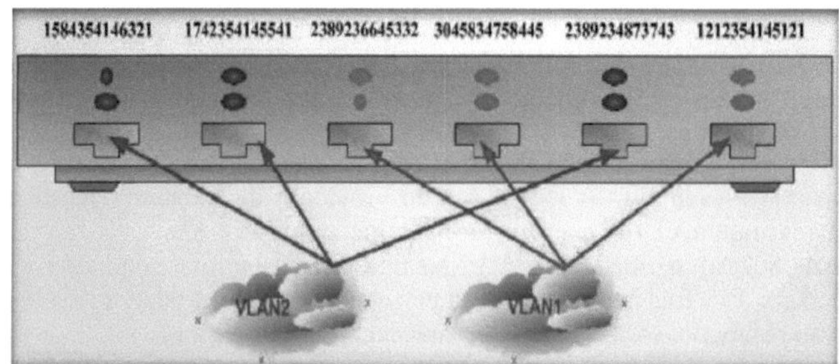

Fig (2.8): Atribuição de endereços MAC a diferentes VLAN's.

O principal problema com este método é que a associação à VLAN deve ser atribuída inicialmente. Em redes com milhares de utilizadores, esta não é uma tarefa fácil. Além disso, em ambientes onde são utilizados PCs portáteis, o endereço MAC está associado à estação de ancoragem e não ao PC portátil.
Consequentemente, quando um PC portátil é movido para uma estação de ancoragem diferente, a sua associação à VLAN tem de ser reconfigurada.

**2.5.3   VLAN de camada 2: associação por tipo de protocolo**
A associação a VLANs da Camada 2 também pode ser baseada no campo de tipo de protocolo encontrado no cabeçalho da Camada 2 Fig. 2.8.

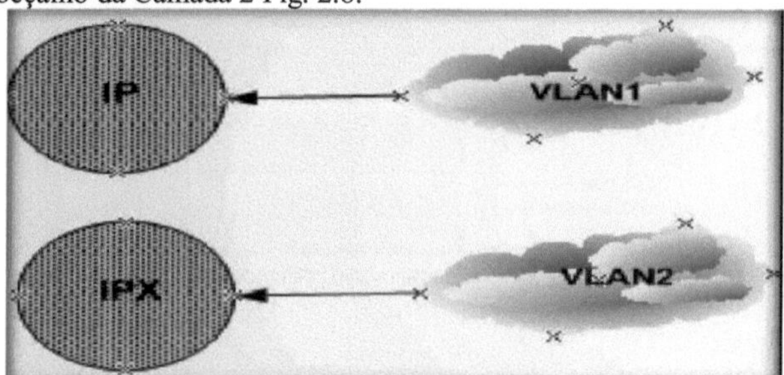

Fig (2.9): Atribuição de protocolos a diferentes VLAN's.

**2.5.4   VLAN da Camada 3: Associação por endereço de sub-rede IP** A associação é baseada no cabeçalho da Camada 3. O endereço de sub-rede IP da rede pode ser usado para classificar a associação à VLAN Fig 2.9.

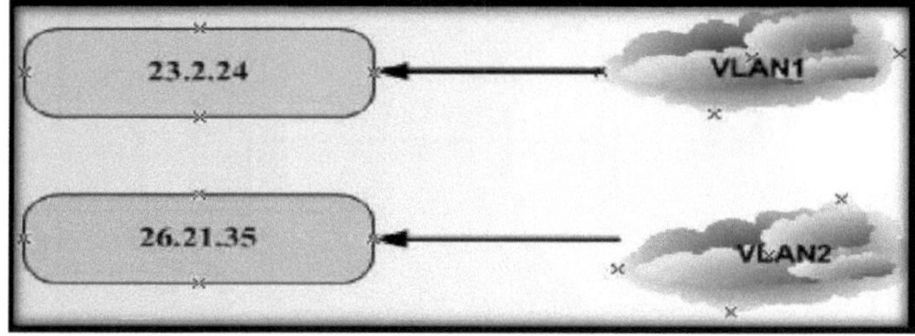

Fig (2.10): Atribuição de endereços de sub-rede IP a diferentes VLAN's.

Embora a associação a uma VLAN se baseie em informações da Camada 3, isto não tem nada a ver com o encaminhamento da rede e não deve ser confundido com funções de router. Neste método, os endereços IP são utilizados apenas como um mapeamento para determinar a associação a VLANs. Não é efectuado qualquer outro processamento de endereços IP.

Nas VLANs de Camada 3, os utilizadores podem mover as suas estações de trabalho sem reconfigurar os seus endereços de rede. O único problema é que, geralmente, demora mais tempo a encaminhar pacotes utilizando informações da Camada 3 do que utilizando endereços MAC.

### 2.5.5 VLANs de camada superior:

Também é possível definir a associação à VLAN com base em aplicações ou serviços, ou qualquer combinação destes. Por exemplo, as aplicações do protocolo de transferência de ficheiros (FTP) podem ser executadas numa VLAN e as aplicações telnet noutra VLAN.

O projeto de norma 802.1Q define apenas VLANs de Camada 1 e Camada 2. As VLANs baseadas em tipo de protocolo e as VLANs de camadas superiores foram permitidas, mas não estão definidas nesta norma. Como resultado, essas VLANs permanecerão proprietárias.

### 2.6 Tipos de ligações:

Os dispositivos numa VLAN podem ser ligados de três formas, consoante os dispositivos ligados sejam VLAN-aware ou VLAN-unaware. Recorde-se que um dispositivo com conhecimento de VLAN é um dispositivo que compreende os membros de VLAN (ou seja, que utilizadores pertencem a uma VLAN) e os formatos de VLAN.

### 2.6.1 Ligação de tronco:

Todos os dispositivos conectados a um link de tronco, incluindo estações de trabalho, devem estar cientes de VLAN. Todos os frames em um link tronco devem ter um cabeçalho especial anexado. Esses quadros especiais são chamados de quadros marcados (tagged frames) Fig 2.10.

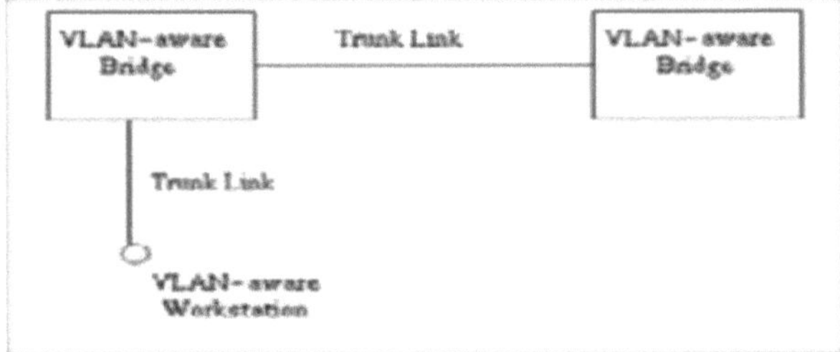


Fig (2.11): Ligação tronco entre duas pontes com reconhecimento de VLAN.

### 2.6.2 Ligação de acesso:

Um link de acesso conecta um dispositivo VLAN-unaware à porta de uma ponte VLAN-ware. Todos os quadros nos links de acesso devem ser implicitamente marcados (untagged) Fig 2.11. Os dispositivos inconscientes de VLAN podem ser um segmento de LAN com estações de trabalho inconscientes de VLAN ou vários segmentos de LAN com dispositivos inconscientes de VLAN (LAN herdada).

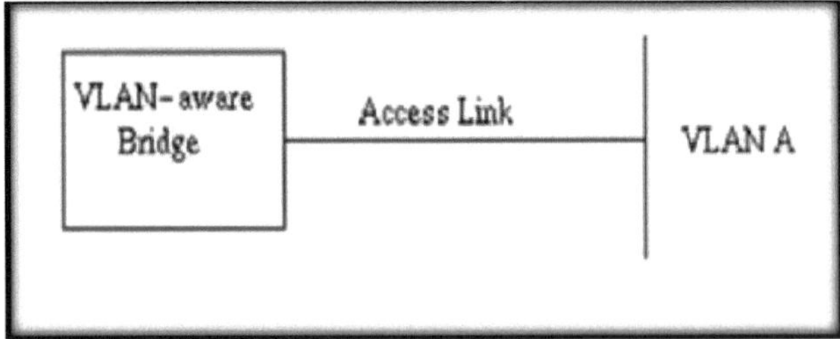


Fig (2. 12): Ligação de acesso entre uma ponte com conhecimento de VLAN
e um dispositivo sem conhecimento de VLAN.

### 2.6.3 Ligação híbrida:

Esta é uma combinação das duas ligações anteriores. Fig 2.12 Um link híbrido pode ter quadros com e sem marcação, mas todos os quadros de uma VLAN específica devem ser com ou sem marcação.

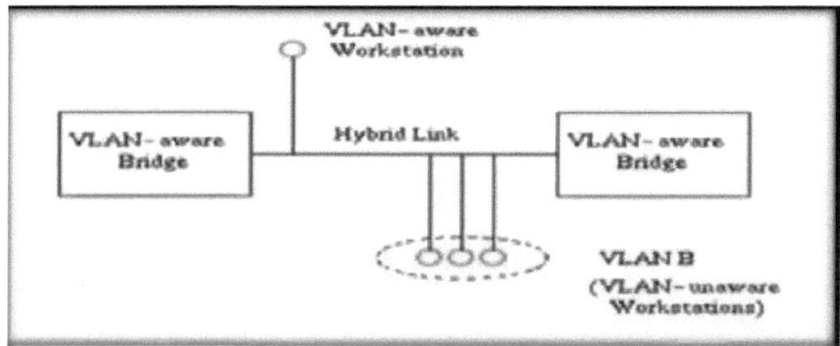


Fig (2.13): Ligação híbrida contendo dispositivos com e sem conhecimento de VLAN.

É também de notar que a rede pode ter uma combinação dos três tipos de ligações.

## 2.7 Processamento de fotogramas:

Uma ponte, ao receber dados, determina a que VLAN os dados pertencem através de marcação implícita ou explícita. Na marcação explícita, um cabeçalho de marcação é adicionado aos dados. A ponte também mantém um registo dos membros da VLAN numa base de dados de filtragem que utiliza para determinar para onde os dados devem ser enviados. Segue-se uma explicação do conteúdo da base de dados de filtragem e do formato e objetivo do cabeçalho de etiquetas [802.1Q].

### 2.7.1 Base de dados de filtragem:

As informações sobre os membros de uma VLAN são armazenadas numa base de dados de filtragem. A base de dados de filtragem é constituída pelos seguintes tipos de entradas:

i) Entradas estáticas:

As informações estáticas são adicionadas, modificadas e eliminadas apenas pela administração. As entradas não são removidas automaticamente após algum tempo (envelhecimento), mas devem ser explicitamente removidas pela administração. Existem dois tipos de entradas estáticas:

    a) Entradas de filtragem estática: que especificam, para cada porta, se os quadros a enviar para um endereço MAC ou endereço de grupo específico e numa VLAN específica devem ser reencaminhados ou rejeitados, ou devem seguir a entrada dinâmica, e

    b) Entradas de registo estáticas: que especificam se os fotogramas a enviar para uma VLAN específica devem ser marcados ou não marcados e quais as portas registadas para essa VLAN.

ii) Entradas dinâmicas:

As entradas dinâmicas são aprendidas pela ponte e não podem ser criadas ou actualizadas pela gestão. O processo de aprendizagem observa a porta a partir da qual é recebido um quadro, com um determinado endereço de origem e VLAN ID (VID), e actualiza a base de dados de filtragem. A entrada só é actualizada se forem satisfeitas as três condições seguintes:

a) Esta porta permite a aprendizagem,

b) O endereço de origem é um endereço de estação de trabalho e não um endereço de grupo, e

c) Há espaço disponível na base de dados.

As entradas são removidas da base de dados através do processo de envelhecimento (ageing out) em que, após um determinado período de tempo especificado pela administração (10 seg --1000000 seg), as entradas permitem a reconfiguração automática da base de dados de filtragem se a topologia da rede mudar. Existem três tipos de entradas dinâmicas:

    a) Entradas de filtragem dinâmica: que especificam se os quadros a enviar para um endereço MAC (Media Access Control) específico e numa determinada VLAN devem ser reencaminhados ou rejeitados.

    b) Entradas de registo de grupo: que indicam, para cada porta, se os quadros a enviar para um endereço MAC de grupo e numa determinada VLAN devem ser filtrados ou rejeitados. Isto permite o envio de multicasts numa única VLAN sem afetar outras VLANs.

    c) Entradas de registo dinâmicas: que especificam quais as portas registadas para uma VLAN

específica As entradas são adicionadas e eliminadas utilizando o protocolo de registo de VLAN GARP (GVRP), em que o protocolo de registo de atributos genéricos é o (GARP).
O GVRP é utilizado não só para atualizar as entradas de registo dinâmico, mas também para comunicar as informações a outras pontes com reconhecimento de VLAN.

Para que as VLANs encaminhem as informações para o destino correto, todas as pontes da VLAN devem conter as mesmas informações nas respectivas bases de dados de filtragem. O GVRP permite que estações de trabalho e pontes com reconhecimento de VLAN emitam e revoguem associações a VLANs. As pontes com reconhecimento de VLAN registam e propagam a adesão à VLAN a todas as portas que fazem parte da topologia ativa da VLAN. A topologia ativa de uma rede é determinada quando as pontes são ligadas ou quando é detectada uma alteração no estado da topologia atual.
A topologia ativa é determinada através de um algoritmo de spanning tree que impede a formação de loops na rede através da desativação de portas. Uma vez obtida uma topologia ativa para a rede (que pode conter várias VLAN's), as pontes determinam uma topologia ativa para cada VLAN. Isso pode resultar em uma topologia diferente para cada VLAN ou em uma topologia comum para várias VLANs. Em qualquer dos casos, a topologia da VLAN será um subconjunto da topologia ativa da rede Fig (2.13)

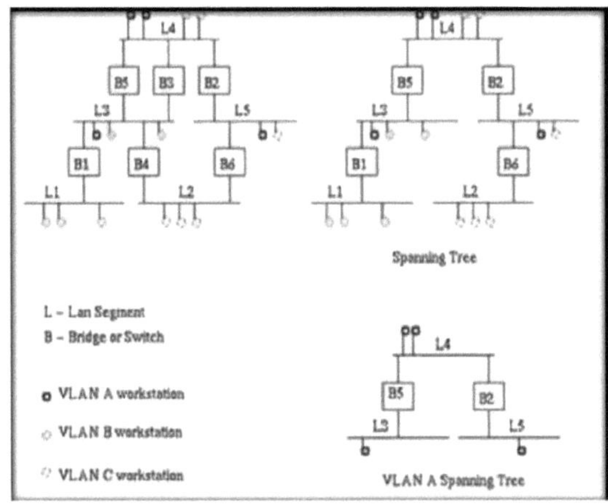


Fig (2.14): Topologia ativa da rede e da VLAN
A utilizando o algoritmo da árvore de cobertura.

**2.7.2 Marcação:**

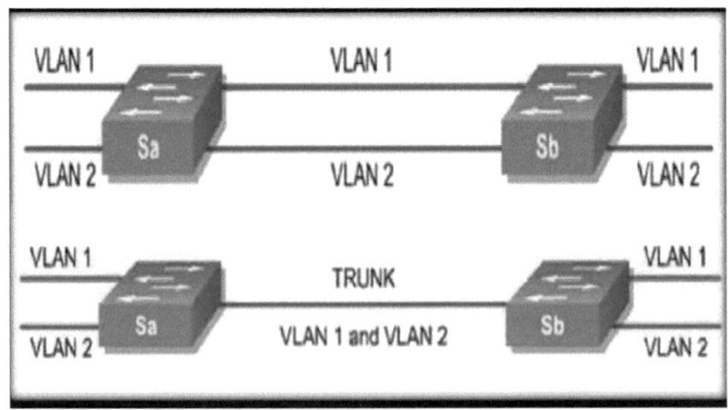


Fig (2.15): VLAN usando cabo tronco.

Quando os quadros são enviados pela rede, é necessário haver uma forma de indicar a qual VLAN o quadro pertence, para que a ponte encaminhe os quadros apenas para as portas que pertencem a essa VLAN, em vez de para todas as portas de saída, como normalmente seria feito. Essa informação é adicionada ao quadro na forma de um cabeçalho de tag. Além disso, o cabeçalho de tag:

i)    Permite especificar a prioridade do utilizador na formação.

ii)    Permite especificar informações de controlo do encaminhamento na origem; e iii) Indica o formato dos endereços MAC.

Os quadros nos quais foi adicionado um cabeçalho de tag são chamados de quadros com tag. Os quadros com tags transmitem as informações de VLAN pela rede.

Os quadros etiquetados que são enviados através de ligações híbridas e de tronco contêm um cabeçalho etiquetado. Existem dois formatos de cabeçalho de tag

iii) Cabeçalho de etiqueta de quadro Ethernet: O cabeçalho de etiqueta do quadro Ethernet fig. 2.15 é constituído por um identificador de protocolo de etiqueta (TPID) e por informação de controlo de etiqueta (TCI).

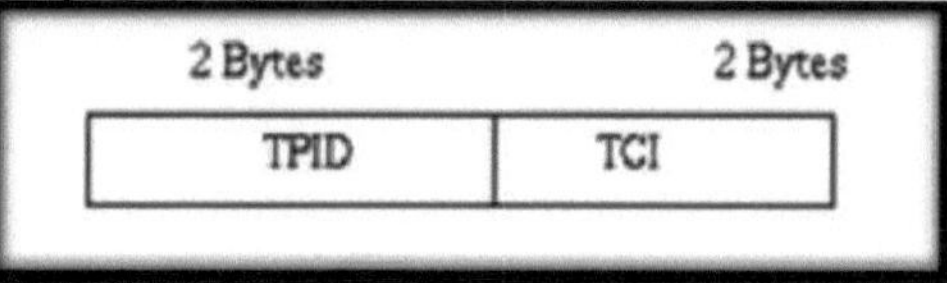


Fig (2.16): Cabeçalho da etiqueta do quadro Ethernet

Cabeçalho de etiqueta Token Ring e FDDI (Fiber Distributed Data Interface): Os cabeçalhos de etiquetas para as redes token ring e FDDI consistem num TPID e num TCI codificados por SNAP.

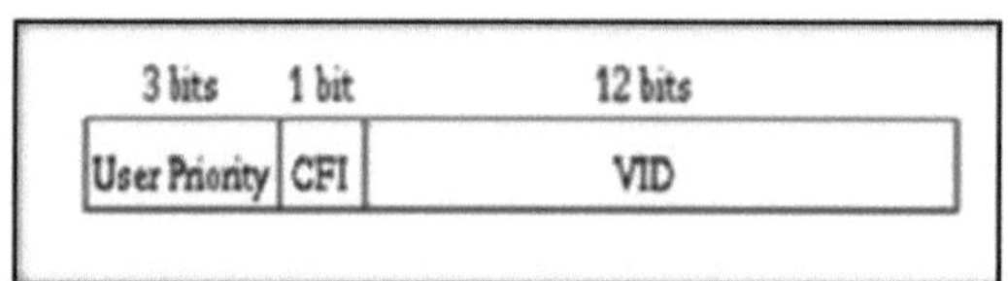


Fig (2.17): Cabeçalho de tag Token ring e FDDI.

TPID é o identificador de protocolo de etiqueta que indica que se segue um cabeçalho de etiqueta e TCI Fig. 2.147 contém a prioridade do utilizador, o indicador de formato canónico (CFI) e o ID VLAN.



Fig (2.18): Informação de controlo de etiquetas (TCI)

A prioridade do utilizador é um campo de 3 bits que permite a codificação da informação de prioridade no quadro. São permitidos oito níveis de prioridade, em que zero é a prioridade mais baixa e sete é a prioridade mais alta. A forma como este campo é utilizado é descrita no suplemento 802.1p. O bit CFI é utilizado para indicar que todos os endereços MAC presentes no campo de dados MAC estão em formato canónico. Este campo é interpretado de forma diferente consoante se trate de um cabeçalho de etiqueta codificado por Ethernet ou de um cabeçalho de etiqueta codificado por SNAP. No TPID codificado em SNAP, o campo indica a presença ou ausência do formato canónico dos endereços. No TPID codificado em Ethernet, indica a presença do campo Source-Routing Information (RIF) após o campo de comprimento. O campo RIF indica o encaminhamento dos quadros Ethernet.

O campo VID é utilizado para identificar de forma exclusiva a VLAN a que pertence o quadro. Pode haver um máximo de ($2^{12}$ -1) VLAN's. O valor zero é utilizado para indicar que não existe VLAN ID, mas que estão presentes informações sobre a prioridade do utilizador. Isto permite que a prioridade seja codificada em LAN's não prioritárias.

**2.8 Resumo:**

Este capítulo explicou em pormenor a definição de VLAN, os tipos, as normas e a filtragem da base de dados, para além das ligações entre diferentes VLAN.

A estrutura de VLAN é simples e fácil de implementar para os projectistas e administradores de redes que, com um pouco de conhecimento dos tipos, podem concebê-la e executá-la de forma perfeita.

# Capítulo 3
# Arquitetura de VLAN e como ela funciona

**3.1 Introdução:**

Uma rede local virtual é um grupo de dispositivos que funcionam como um único segmento de rede local (domínio de difusão). Os dispositivos que compõem uma VLAN específica podem estar muito separados, tanto pela geografia como pela localização na rede.

A criação de VLANs permite que os utilizadores localizados em áreas separadas ou ligados a portas separadas pertençam a um único grupo de VLAN. Os utilizadores atribuídos a esse grupo enviarão e receberão tráfego de difusão e multicast como se estivessem todos ligados a um único segmento de rede.

Os comutadores com conhecimento de VLAN isolam o tráfego de difusão e multicast recebido de grupos de VLAN, mantendo as difusões de estações numa VLAN confinadas a essa VLAN.

Quando as estações são atribuídas a uma VLAN, o desempenho da sua ligação de rede não é alterado. As estações ligadas a portas comutadas não sacrificam o desempenho da ligação comutada dedicada para participarem na VLAN. Como uma VLAN não é um local físico, mas uma associação, os comutadores de rede determinam a associação à VLAN associando uma VLAN a uma porta específica.

**3.2 VLANs baseadas em portas:**

Um comutador de VLAN baseado em porta determina a associação de um quadro de dados examinando a configuração da porta que recebeu a transmissão ou lendo uma parte do cabeçalho da etiqueta do quadro de dados. Um campo de quatro bytes no cabeçalho é usado para identificar a VLAN. Essa identificação de VLAN indica a qual VLAN o quadro pertence. Se o quadro não tiver cabeçalho de tag, o switch verifica a configuração de VLAN da porta que recebeu o quadro. Se o switch tiver sido configurado para suporte a VLAN baseado em porta, ele atribui a identificação de VLAN da porta ao novo quadro.

Na rede acima, as estações de trabalho de Vendas e Finanças foram colocadas em duas VLANs separadas. Em um ambiente Ethernet simples, toda a rede é um domínio de broadcast, e os Smart Switches seguem a especificação de bridging IEEE 802.1d para enviar dados entre estações. Uma transmissão de broadcast ou multicast de uma estação de trabalho de Vendas no Prédio Um se propagaria para todas as portas do switch no Smart Switch A, atravessaria o link de alta velocidade para o Smart Switch B e seria propagada para todas as portas do switch no Smart Switch B. Os Smart Switches tratam cada porta como sendo equivalente a qualquer outra porta e não têm conhecimento das associações departamentais de cada estação de trabalho.

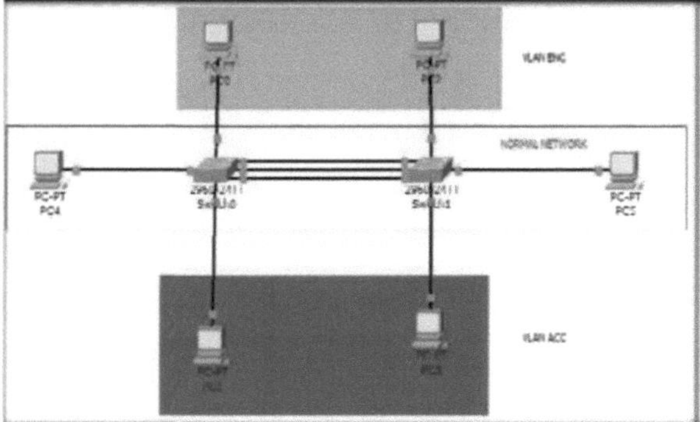

Fig (3.1): VLANS ligadas com cabos de tronco.

Em um ambiente de VLAN baseado em portas, cada Smart Switch entende que certas portas individuais são membros de grupos de trabalho separados. Nesse ambiente, uma transmissão de dados de broadcast ou multicast de uma das estações de vendas do Building One chegaria ao Smart Switch A, seria enviada para as portas conectadas a outros membros locais da VLAN de vendas, atravessaria o link de alta velocidade para o Smart Switch B e, em seguida, seria enviada para quaisquer outras portas e estações de trabalho no Smart Switch B, que são membros da VLAN de vendas.

**3.3 VLANs rápidas seguras:**

A estratégia SECURE FAST VLAN da Cabletron Systems adota uma abordagem diferente para a criação de LANs virtuais. Num ambiente SECURE FAST VLAN, os comutadores da rede reconhecem os pedidos de encaminhamento da camada de rede e traduzem-nos. Com base nessa tradução, os switches estabelecem uma conexão entre os dispositivos finais na rede.

As VLANs também podem ser criadas por uma variedade de esquemas de endereçamento, incluindo o reconhecimento de grupos de endereços MAC ou tipo de tráfego. Um dos esquemas do tipo VLAN mais conhecidos é a utilização de sub-redes IP para dividir as redes em trabalhos de sub-rede mais pequenos. Esses outros tipos de VLAN oferecem vantagens e desvantagens de desempenho que podem ser bem diferentes daquelas disponíveis com a estratégia de VLAN baseada em porta.

**3.4 Componentes de VLAN:**

A VLAN é constituída por muitos componentes, alguns dos quais são difíceis, como os comutadores inteligentes, os routers e as estações de trabalho, e os outros são a configuração da rede.

**3.4.1 VLAN ID:**

Um número único (entre 1 e 4095) que identifica uma VLAN específica.

**3.4.2 Nome da VLAN:**

Um nome alfanumérico de 32 caracteres associado a uma ID de VLAN. O nome da VLAN destina-se a facilitar a identificação e a memorização das VLANs definidas pelo utilizador.

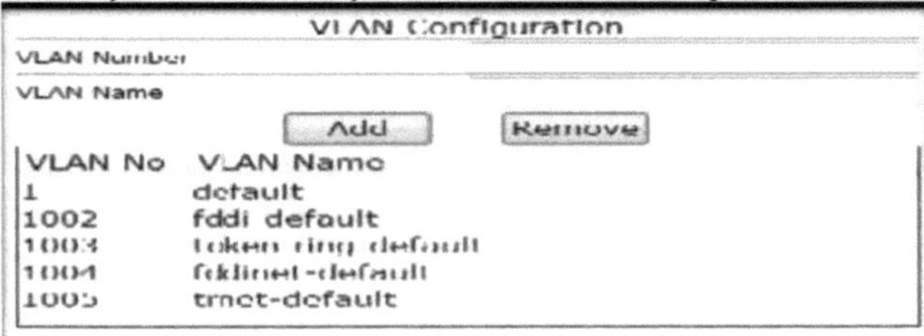

Fig (3.2) Número de VLAN e nome da VLAN.

**3.4.3 Cabeçalho da etiqueta (etiqueta VLAN):**

Um campo dentro de um quadro que identifica a VLAN na qual o quadro foi classificado. O cabeçalho da etiqueta é inserido no quadro diretamente após o campo de endereço MAC de origem. Doze bits do Tag Header são a ID da VLAN. Os restantes bits são outras informações de controlo.

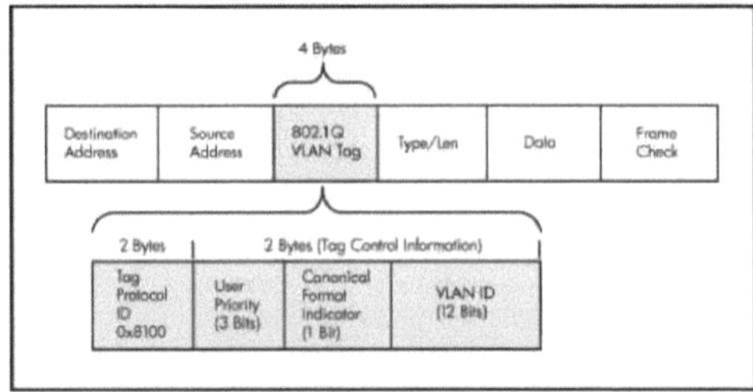

Fig (3.3): Cabeçalho da etiqueta VLAN

**3.4.4 Tagged Frame:**

Um quadro de dados que contém um cabeçalho de tag. O cabeçalho da etiqueta pode ser adicionado ao quadro de dados por um comutador com conhecimento de VLAN a qualquer quadro recebido de uma porta que seja membro de uma VLAN.

### 3.4.5 Quadro não etiquetado:
Um quadro de dados que não tem um cabeçalho de etiqueta inserido.

### 3.4.6 Port VLAN ID (PVID):
Uma identificação que engloba a identificação de uma porta de switch específica (porta 6, módulo 2) e a associação à VLAN dessa porta. Essa identificação é usada para classificar os quadros não marcados de entrada quando eles são recebidos.

### 3.4.7 VLAN predefinida:
A VLAN à qual todas as portas são atribuídas na inicialização. A VLAN padrão tem um VLAN ID de 1.

### 3.4.8 Lista de encaminhamento:
Uma lista das portas de um determinado dispositivo que é elegível para transmitir quadros para uma VLAN selecionada. A Lista de encaminhamento identifica quais portas estão associadas a uma única VLAN para fins de transmissão de quadros.

### 3.4.9 Lista de egressos:
Uma lista por porta de todas as VLANs elegíveis que podem ser encaminhadas por uma porta específica e o formato de quadro das transmissões para essa porta. A Lista de Egress especifica quais VLANs estão associadas a uma única porta para fins de transmissão de quadros.

### 3.4.10 Base de dados de filtragem:
Uma estrutura de banco de dados dentro do switch que mantém o controle das associações entre endereços MAC, elegibilidades de VLAN e números de interface (porta). O banco de dados de filtragem é consultado quando um comutador com reconhecimento de VLAN toma uma decisão de encaminhamento de um quadro.

### 3.4.11 Tronco 1Q:
Uma conexão entre comutadores 802.1Q que passa apenas o tráfego com um cabeçalho de etiqueta de VLAN inserido no quadro.

### 3.4.12 1d Tronco:
Uma ligação de um comutador que passa apenas tráfego não marcado.

### 3.4.13 Estações:
Uma estação é qualquer unidade final que pertence a uma rede. Na grande maioria dos casos, as estações são os computadores através dos quais os utilizadores acedem à rede.

### 3.4.14 Interruptores:
Para configurar um grupo de estações em uma VLAN, as estações devem estar conectadas a comutadores com reconhecimento de VLAN. A função do comutador é classificar os quadros recebidos em associações de VLAN e transmitir quadros, de acordo com a associação de VLAN, com ou sem um cabeçalho de etiqueta de VLAN.

### 3.4.15 Encaminhamento multiprotocolo:
Para suportar comunicações entre VLANs. Lembre-se de que, embora todos os membros da mesma VLAN possam comunicar diretamente entre si, são necessários routers para a troca de informações entre VLANs diferentes.

### 3.5 Funcionamento dos comutadores VLAN:
Os comutadores de VLAN 802.1Q padrão atuam na classificação de quadros em VLANs. Às vezes, a classificação da VLAN é baseada em tags nos cabeçalhos dos quadros de dados. Essas etiquetas de VLAN são adicionadas aos quadros de dados pelo comutador à medida que os quadros são transmitidos por determinadas interfaces e, mais tarde, são usadas para tomar decisões de encaminhamento pelo comutador e por outros comutadores com reconhecimento de VLAN. Na ausência de um cabeçalho de etiqueta de VLAN, a classificação de um quadro numa VLAN específica depende da configuração da porta do comutador que recebeu o quadro.

A operação de um comutador de VLAN baseado em porta é melhor compreendida do ponto de vista do próprio comutador. Para ilustrar esse conceito, os exemplos a seguir mostram as operações do switch de dentro dele.

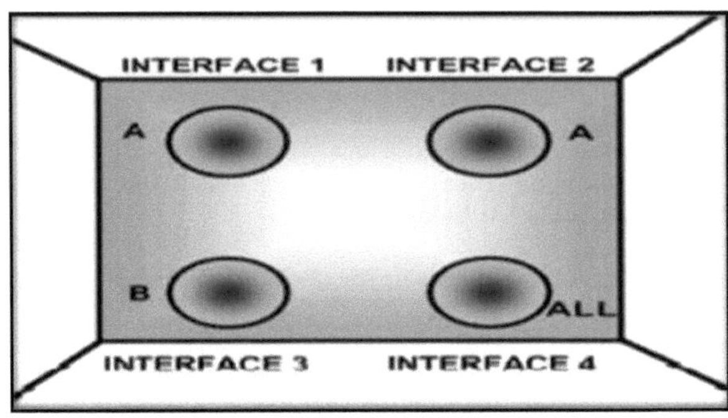


Fig (3.4): Interior de um interrutor

O diagrama a seguir mostra o interior de um switch com quatro interfaces, numeradas de um a quatro. O switch sabe que as interfaces 1 e 2 pertencem à VLAN A. A interface 3 pertence à VLAN B. A interface 4 é uma porta tronco que pertence a todas as VLANs. Em intervalos de tempo, os quadros chegam ao switch através dessas interfaces e são examinados.

### 3.5.1 Recebendo quadros de portas VLAN

Quando um switch é colocado no modo operacional 802.1Q, todos os quadros recebidos pelo switch devem pertencer a uma VLAN.

### 3.5.2 Quadros não etiquetados:

O switch recebe um frame da Interface I e examina o frame. O switch percebe que esse quadro não tem uma etiqueta de VLAN no momento. O switch reconhece que a Interface 1 é um membro da VLAN A e classifica

o quadro como tal. Desta forma, todos os quadros não marcados que entram num comutador de VLAN assumem a sua pertença a uma VLAN.

O switch tomará agora uma decisão de encaminhamento do quadro com base no seu modo de operação.

### 3.5.1 Etiquetas Molduras:

Neste exemplo, o switch recebe um quadro marcado da Interface 4. O switch examina o quadro e percebe que ele está marcado para a VLAN C. Esse quadro pode já ter passado por um switch com reconhecimento de VLAN ou ter sido originado de uma estação capaz de especificar uma associação à VLAN. Se um switch receber um quadro contendo uma tag, ele classificará o quadro de acordo com sua tag e não com o Port VLAN ID (PVID) de sua porta. O switch tomará uma decisão de encaminhamento sobre este quadro com base no seu modo de operação.

### 3. 6 Como funcionam as VLAN's:

Quando uma ponte LAN recebe dados de uma estação de trabalho, marca os dados com um identificador de VLAN que indica a VLAN de onde os dados vieram. Isso é chamado de marcação explícita. Também é possível determinar a que VLAN pertencem os dados recebidos utilizando a marcação implícita. Na marcação implícita, os dados não são marcados, mas a VLAN de onde os dados vieram é determinada com base em outras informações, como a porta em que os dados chegaram. A marcação pode basear-se na porta de origem, no campo de controlo de acesso aos meios (MAC) de origem, no endereço de rede de origem ou noutro campo ou combinação de campos. As VLANs são classificadas com base no método utilizado. Para poder fazer a marcação de dados utilizando qualquer um dos métodos, a ponte teria de manter uma base de dados actualizada que contivesse um mapeamento entre as VLAN e o campo utilizado para a marcação. Por exemplo, se a marcação for efectuada por porta, a base de dados deve indicar quais as portas que pertencem a cada VLAN. Esta base de dados é designada por base de dados de filtragem. As pontes devem ser capazes de manter essa base de dados e também de garantir que todas as pontes da LAN tenham as mesmas informações em cada uma de suas bases de dados. A ponte determina para onde os dados devem ir a seguir com base nas operações normais da LAN. Uma vez que a ponte determina para onde os dados devem ir, ela agora precisa determinar se o identificador de VLAN deve ser adicionado aos dados e enviado. Se os dados devem ser enviados para um dispositivo que conhece a implementação de VLAN (VLAN-aware), o identificador de VLAN é adicionado aos dados. Se os dados se destinam a um dispositivo que não tem conhecimento da implementação de VLAN (VLAN-unaware), a ponte envia os dados sem o identificador de VLAN.

Para compreender o funcionamento das VLAN, é necessário analisar os tipos de VLAN, os tipos de ligações entre dispositivos em VLAN, a base de dados de filtragem que é utilizada para enviar o tráfego para a VLAN correcta e a etiquetagem, um processo utilizado para identificar a VLAN que origina os dados.

### 3.7 Resumo:

A VLAN é um grupo de computadores numa rede cujo software foi configurado de forma a comportarem-se como se estivessem numa rede local (LAN) separada. Os computadores numa VLAN não têm de estar fisicamente localizados uns ao lado dos outros na LAN. As VLANs são uma função comum dos switches mais avançados. Permitem a segregação de portas no comutador em domínios de difusão separados. Isso geralmente é feito por motivos de segurança ou desempenho.

# Capítulo 4
# Visão geral do programa OPNET

**4.1  Apresentações:**

O OPNET fornece um ambiente de desenvolvimento abrangente que suporta a modelação de redes de comunicação e sistemas distribuídos. Tanto o comportamento como o desempenho dos sistemas modelados podem ser analisados através da realização de simulações de eventos discretos.

O ambiente OPNET incorpora ferramentas para todas as fases de um estudo, incluindo a conceção de modelos, simulação, recolha de dados e análise de dados. Este capítulo fornece uma visão geral das capacidades e da estrutura do OPNET. Destina-se a fornecer uma introdução ao pacote e um contexto para leitura adicional da documentação.

**4.2  Múltiplas comunidades de utilizadores:**

Os utilizadores do OPNET podem ser divididos em duas grandes categorias: modeladores de sistemas e autores. Os modeladores de sistemas são os utilizadores tradicionais do OPNET, que estudam problemas técnicos utilizando a simulação. Estão normalmente interessados em medidas de desempenho e na análise comportamental de um sistema proposto. Muitas vezes são projectistas de redes, dispositivos e protocolos de rede, ou aplicações distribuídas. Os autores, por outro lado, não utilizam o OPNET para efetuar os seus próprios estudos de simulação, mas para preparar um ambiente para que outros o façam.

O OPNET Modeler é utilizado para criar modelos personalizados que são correctos para um tipo particular de utilizador final.

O Modeler, em conjunto com o módulo Wireless, fornece características específicas para apoiar projectos relacionados com REDES sem fios. Inclui, entre outras capacidades específicas de rádio, a capacidade de modelar a mobilidade dos nós e os efeitos da interferência no desempenho da ligação de rádio. Naturalmente, muitos projectos não requerem capacidade de rádio e podem ser realizados com a versão básica. Ao longo deste manual, o texto indica quando são descritas funcionalidades específicas do módulo Wireless.

**4.3  Principais características do sistema:**

O OPNET é um vasto pacote de software com um extenso conjunto de funcionalidades concebidas para apoiar a modelação geral de redes e para fornecer apoio específico a determinados tipos de projectos de simulação de redes. Esta secção apresenta apenas uma breve enumeração de algumas das capacidades mais importantes do OPNET.

As secções seguintes deste capítulo contêm informações detalhadas sobre estas e outras funcionalidades do OPNET.

- Orientação para objectos Os sistemas especificados no OPNET consistem em objectos, cada um com conjuntos de atributos configuráveis. Os objectos pertencem a classes, que lhes fornecem as suas características em termos de comportamento e capacidade. A definição de novas classes é suportada para abordar um âmbito de sistemas tão vasto quanto POSSÍVEL. As classes também podem ser derivadas de outras classes, OU "especializadas" para fornecer um suporte mais específico a determinadas aplicações.

- Especializado em redes de comunicação e sistemas de informação, o OPNET fornece muitos constructos relacionados com comunicações e processamento de informação, proporcionando uma grande vantagem para a modelação de redes e sistemas distribuídos.

- Modelos hierárquicos Os modelos OPNET são hierárquicos, naturalmente em paralelo com a estrutura das redes de comunicação reais.

- Especificação gráfica Sempre que possível, os modelos são introduzidos através de editores gráficos. Estes editores fornecem um mapeamento intuitivo do sistema modelado para a especificação do modelo OPNET.

- Flexibilidade para desenvolver modelos personalizados detalhados O OPNET fornece uma linguagem de programação flexível e de alto nível com suporte extensivo para comunicações e sistemas distribuídos. Este ambiente permite a modelação realista de todos os protocolos de comunicação, algoritmos e tecnologias de transmissão.

- Geração automática de simulações As especificações do modelo são compiladas automaticamente em simulações executáveis, eficientes e de eventos discretos implementadas na linguagem de programação C. Técnicas avançadas de construção e configuração de simulações minimizam os REQUISITOS DE COMPILAÇÃO.

- Estatísticas específicas da aplicação O OPNET fornece estatísticas de desempenho incorporadas que podem ser recolhidas automaticamente durante as SIMULAÇÕES. Os modeladores podem também aumentar este conjunto com novas estatísticas específicas da aplicação que são calculadas por processos definidos pelo utilizador.

- Ferramentas integradas de análise pós-simulação A AVALIAÇÃO de desempenho e a análise de compromisso exigem a interpretação de grandes volumes de resultados de simulação. O OPNET inclui uma ferramenta sofisticada para apresentação gráfica e processamento de resultados de simulação.

- Análise interactiva Todas as simulações OPNET incorporam automaticamente suporte para análise através de um sofisticado depurador interativo.

- Animação As execuções de simulação podem ser configuradas para gerar automaticamente animações do sistema modelado em vários níveis de detalhe e podem incluir animação de estatísticas à medida que mudam ao longo do tempo. Também é fornecido um suporte alargado para o desenvolvimento de animações personalizadas.

- Co-simulação é possível conectar o OPNET a um ou mais simuladores para que seja possível ver como os modelos desses simuladores interagem com os modelos do OPNET. Os modelos externos podem representar qualquer coisa, desde hardware de rede até padrões de comportamento do usuário final.

- A interface de programa de aplicação (API), como alternativa à especificação gráfica, pode ser especificada através de uma interface programática. Isto é útil para a geração automática de modelos ou para permitir que o OPNET seja fortemente integrado com outras ferramentas.

### 4.4 Aplicações típicas do OPNET:

Como resultado das capacidades descritas nas secções anteriores, o OPNET pode ser utilizado como uma plataforma para desenvolver modelos de uma vasta gama de sistemas. Alguns exemplos de possíveis aplicações são listados abaixo com menção específica de recursos de suporte:

- Modelos de biblioteca detalhados de modelagem de desempenho de LAN e WAN baseados em padrões fornecem os principais protocolos de rede local e de área ampla. Os modelos de aplicações configuráveis também são fornecidos pela biblioteca, ou podem ser criados novos modelos.

- As definições de topologia hierárquica para o planeamento de redes Internet permitem o aninhamento arbitrário de sub-redes e nós, e as grandes redes são modeladas de forma eficiente; podem ser utilizados modelos escaláveis, estocásticos e/ou determinísticos para gerar tráfego de rede.

- Investigação e desenvolvimento em arquitecturas e protocolos de comunicações O OPNET permite a especificação de uma lógica totalmente geral e fornece um apoio        alargado às
        comunicações
aplicações. As máquinas de estados finitos constituem uma representação natural dos protocolos.

* Redes distribuídas de sensores e controlo, sistemas de bordo O OPNET permite o desenvolvimento de modelos sofisticados, adaptáveis, ao nível da aplicação, bem como protocolos e ligações de comunicações subjacentes. Métricas de desempenho personalizadas podem ser computadas e registadas, entradas de script e/ou estocásticas podem ser usadas para conduzir o modelo de simulação, e os processos podem monitorar dinamicamente o estado dos objetos no sistema através de interfaces formais fornecidas por fios estatísticos.

* Dimensionamento de recursos É necessária uma modelação precisa e detalhada das políticas de processamento de pedidos de um recurso para fornecer estimativas precisas do seu desempenho quando sujeito a picos de procura (por exemplo, o atraso de processamento de um comutador de pacotes pode depender do conteúdo e tipo específicos de cada pacote, bem como da sua ordem de chegada). As capacidades de enfileiramento do Proto-C fornecem comandos fáceis de usar para modelar políticas sofisticadas de enfileiramento e serviço; são fornecidos modelos de biblioteca para muitos tipos de recursos padrão.

* Suporte específico de redes de rádio de pacotes móveis para nós móveis, incluindo trajectórias predefinidas ou adaptativas; modelos de ligações rádio predefinidos e totalmente personalizáveis; contexto geográfico fornecido pelo ambiente de especificação de redes OPNET. (Requer o módulo Wireless).

* Suporte específico de redes de satélites para nós de satélites, incluindo colocação automática em órbitas especificadas, um programa utilitário para geração de órbitas e um programa de visualização de órbitas e animação de configuração orbital. (Requer o módulo Wireless).

* Suporte de redes C3I e tácticas para diversas tecnologias de ligação; modelação de protocolos e algoritmos adaptativos em Proto-C; notificação de falhas e recuperações de componentes de rede; modelação de ameaças com scripts e/ou estocástica; com o módulo Wireless, os modelos de ligações de rádio apoiam a determinação de interferências e interferências amigáveis.

## 4.5  Arquitetura OPNET:

O OPNET fornece um ambiente de desenvolvimento abrangente para modelação e avaliação do desempenho de redes de comunicação e sistemas distribuídos. O pacote é composto por uma série de ferramentas, cada uma delas centrada em aspectos particulares da tarefa de modelação. Estas ferramentas dividem-se em três categorias principais que correspondem às três fases dos projectos de modelação e simulação: Recolha de Dados de Especificação, Simulação e Análise.

Estas fases são necessariamente efectuadas em sequência. Formam geralmente um ciclo, com um regresso à Especificação após a Análise. De facto, a especificação divide-se em duas partes: a especificação inicial e a reespecificação, sendo que apenas esta última pertence ao ciclo, como ilustrado na figura seguinte.

### 4.5.1  Especificação do modelo:

A especificação de modelos é a tarefa de desenvolver uma representação do sistema a ser estudado. O OPNET suporta o conceito de reutilização de modelos, pelo que a maioria dos modelos se baseia em modelos de nível inferior desenvolvidos previamente e armazenados em bibliotecas de modelos. No entanto, em última análise, todos os modelos são baseados nos conceitos básicos e nos blocos de construção primitivos fornecidos pelo ambiente OPNET.

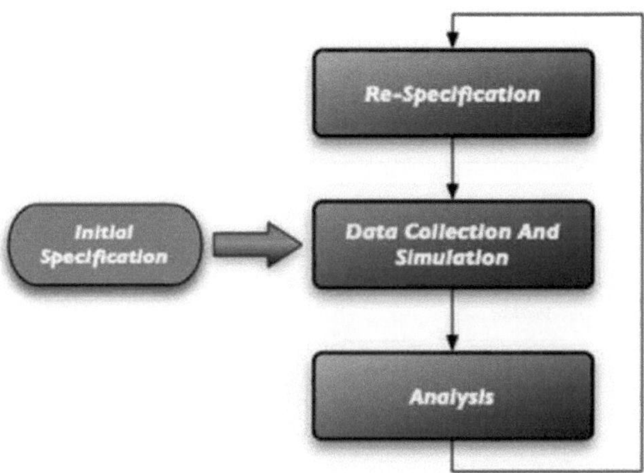


Fig (4.1): Ciclo do Projeto de Simulação

## 4.5.2 Editores de especificações:

O OPNET suporta a especificação de modelos com uma série de ferramentas, chamadas editores, que capturam as características do comportamento de um sistema modelado. Por ser baseado em um conjunto de editores que abordam diferentes aspectos de um modelo, o OPNET é capaz de oferecer recursos específicos para abordar os diversos problemas encontrados em redes e sistemas distribuídos. Para apresentar ao desenvolvedor do modelo uma interface intuitiva, esses editores tratam as informações de modelagem necessárias de uma maneira paralela à estrutura dos sistemas de rede reais. Portanto, os editores de especificação de modelos são organizados hierarquicamente. As especificações de modelos efectuadas no Editor de projectos baseiam-se em elementos especificados no Editor de nós; por sua vez, ao trabalhar no Editor de nós, o programador utiliza modelos definidos no Editor de processos e no Editor de sistemas externos. Os restantes editores são utilizados para definir vários modelos de dados, normalmente tabelas de valores que são posteriormente referenciados por modelos ao nível do processo ou do nó. Esta organização é descrita na lista a seguir:

- Editor de projectos Desenvolver modelos de rede: Os modelos de rede são compostos por modelos de sub-redes e de nós. Este editor também inclui capacidades básicas de simulação e análise.

- Editor de nós Desenvolver modelos de nós: Os modelos de nós são objectos num modelo de rede. Os modelos de nós são compostos por módulos com modelos de processo. Os módulos também podem incluir modelos de parâmetros.

- Editor de processos Desenvolver modelos de processos: Os modelos de processos controlam o comportamento do módulo e podem fazer referência a modelos de parâmetros.

- Editor de sistemas externos Desenvolver definições de sistemas externos. As definições de sistemas externos são necessárias para a simulação.

- Editor de modelos de ligação Criar, editar e visualizar modelos de ligação.

- Packet Format Editor Desenvolver modelos de formatos de pacotes. Os formatos de pacotes ditam a estrutura e a ordem das informações armazenadas num pacote.

- Editor ICI Criar, editar e visualizar formatos de informações de controlo de interface (ICI). As ICIs são utilizadas para comunicar informações de controlo entre processos.

- PDF Editor Crie, edite e visualize funções de densidade de probabilidade (PDFs). As PDFs podem ser utilizadas para controlar determinados eventos, como a frequência de geração de pacotes num módulo de origem.

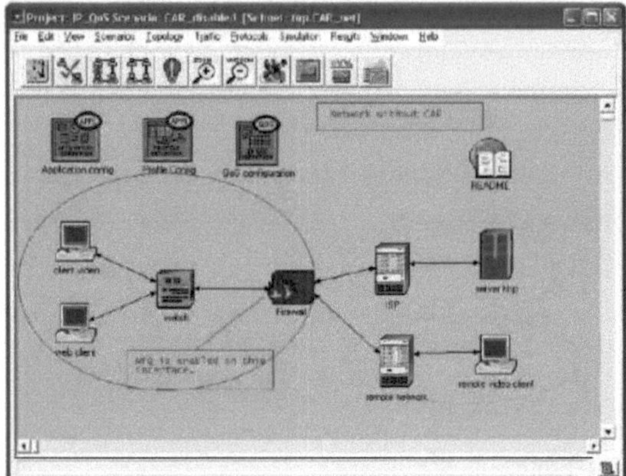

Fig (4.2): Editor de projectos

O OPNET utiliza a especificação gráfica de modelos sempre que apropriado. Portanto, todos os editores de especificação de modelos apresentam uma interface gráfica na qual o usuário manipula objetos que representam os componentes e a estrutura do modelo. Cada editor tem seu próprio conjunto específico de objetos e operações que são corretos para a tarefa de modelagem na qual ele está focado. Por exemplo, o Editor de Projectos utiliza objectos de nós e ligações; o Editor de Nós fornece processadores, filas, transmissores e receptores; e o Editor de Processos baseia-se em estados e transições. Como resultado, os diagramas desenvolvidos em cada editor têm uma aparência distinta, como mostrado nas amostras de ecrã seguintes.

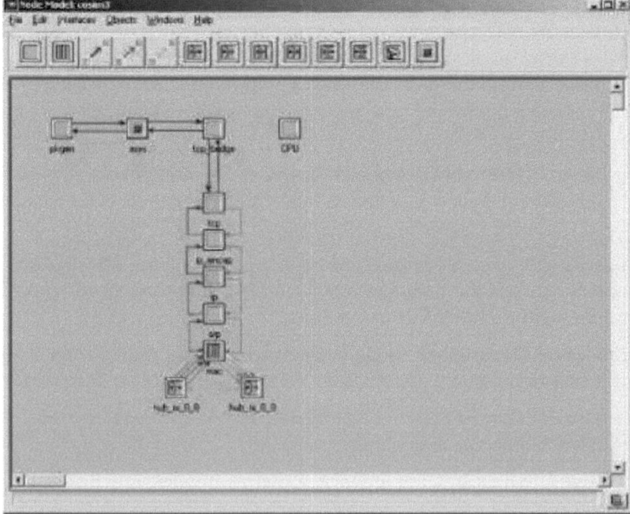

Fig (4.3): Editor de nós

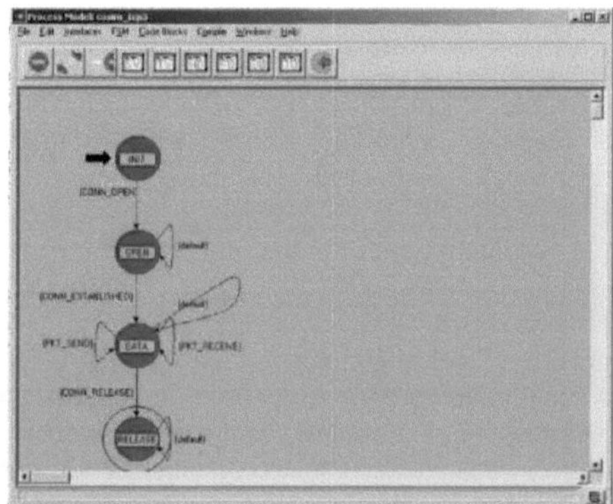

Fig (4.4): Editor de processo

## 4.6 Domínios de modelação:

Os ambientes de modelação de Rede, Nó, Processo e Sistema Externo são por vezes referidos como os domínios de modelação do OPNET porque abrangem todos os níveis hierárquicos de um modelo. Os restantes editores de especificação não correspondem a nenhum domínio de modelação específico porque suportam principalmente os três editores principais. Como mencionado anteriormente, os recursos oferecidos pelos domínios de modelagem refletem os tipos de estruturas encontradas em um sistema de rede real; as questões abordadas por cada domínio são resumidas na tabela a seguir e, em seguida, descritas brevemente no restante desta seção.

| Domínio | Editor | Foco na modelação |
|---|---|---|
| **Rede** | Projeto | Topologia da rede descrita em termos de sub-redes, Nós, ligações e contexto geográfico. |
| **Nó** | Nó | Arquitetura interna do nó descrita em termos de elementos funcionais e fluxo de dados entre eles |
| **Processo** | Processo | Comportamento de processos (protocolos, algoritmos, aplicações) especificados utilizando máquinas de estados finitos e linguagem de alto nível alargada. |
| **Sistema externo** | Sistema externo | Interfaces para modelos fornecidos por outros simuladores que funcionam em simultâneo com uma simulação OPNET (uma co-simulação). |

Tabela (4.1): Domínios de Modelação OPNET

### 4.6.1 Domínio de rede:

O papel do domínio da rede consiste em definir a topologia de uma rede de comunicação. As entidades comunicantes são designadas por nós e as capacidades específicas de cada nó são definidas através da designação do seu modelo. Os modelos de nós são desenvolvidos utilizando o Editor de nós, descrito mais adiante nesta secção. Num modelo de rede, podem existir muitos nós baseados no mesmo modelo de nó; o termo instância de nó é utilizado para referir um nó individual para o distinguir da classe de nós que partilham o mesmo modelo. No entanto, em geral, quando o termo nó é utilizado por si só, no contexto do domínio da rede, pode assumir-se que se está a referir a uma instância de nó e não a um modelo de nó.

Um modelo de rede pode utilizar qualquer número de modelos de nós. O OPNET não impõe restrições aos tipos de nós que podem ser implementados numa rede de comunicações; em vez disso, adopta uma abordagem aberta através da qual os modeladores podem desenvolver a sua própria biblioteca de modelos de nós para utilizar como blocos de construção para modelos de rede. Não há limites para o número de modelos de nós ou instâncias de nós que um modelo de rede pode conter (além daqueles impostos pelas limitações de memória da estação de trabalho).

### 4.6.2 Domínio do nó:

O Domínio do Nó fornece a modelagem de dispositivos de comunicação que podem ser implantados e interconectados no nível da rede. Em termos do OPNET, esses dispositivos são chamados de nós e, no mundo real, podem corresponder a vários tipos de equipamentos de computação e comunicação, como roteadores, pontes, estações de trabalho, terminais, computadores mainframe, servidores de arquivos, comutadores rápidos de pacotes, satélites e assim por diante.

Os modelos de nós são desenvolvidos no Editor de nós e são expressos em termos de blocos de construção mais pequenos chamados módulos. Alguns módulos oferecem capacidades que são substancialmente predefinidas e só podem ser configuradas através de um conjunto de parâmetros incorporados. Estes incluem vários transmissores e receptores que permitem que um nó seja ligado a ligações de comunicação no domínio da rede. Outros módulos, chamados processadores, filas e sistemas externos, são altamente programáveis, sendo o seu comportamento prescrito por um modelo de processo atribuído. Os modelos de processo são desenvolvidos usando o Editor de Processos.

Um modelo de nó pode ser constituído por qualquer número de módulos de diferentes tipos. São fornecidos três tipos de ligações para apoiar a interação entre módulos.

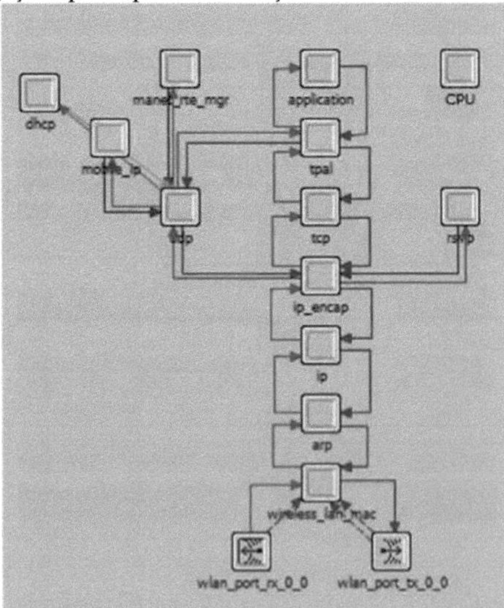


Fig (4.5): Modelo de Nó Empregando Fluxos de Pacotes,

Estes são denominados fluxos de pacotes, fios estatísticos (por vezes também referidos como fluxos e fios estatísticos, respetivamente) e associações lógicas. Os fluxos de pacotes permitem que mensagens formatadas, chamadas pacotes, sejam transmitidas de um módulo para outro. Os fios estatísticos transmitem sinais numéricos simples ou informações de controlo entre módulos e são normalmente utilizados quando um módulo necessita de monitorizar o desempenho ou o estado de outro. Como será descrito mais adiante neste manual, tanto os fluxos de pacotes quanto os fios estatísticos têm parâmetros que podem ser definidos para configurar aspectos de seu comportamento. As associações lógicas identificam uma ligação entre módulos. Atualmente, elas são permitidas apenas entre transmissores e receptores para indicar que eles devem ser usados como um par ao conectar o nó a um link no domínio da rede. A Fig (5.5) mostra um modelo típico de nó que inclui os três tipos de conexões.

O paradigma de modelação selecionado para o domínio dos nós foi concebido para suportar a modelação geral de dispositivos de comunicação de alto nível. Ele é particularmente adequado para modelar arranjos de protocolos de comunicação empilhados ou em camadas. No Editor de nós, um dispositivo que depende de uma determinada pilha de protocolos pode ser modelado através da criação de um objeto processador para cada camada dessa pilha e da definição de fluxos de pacotes entre camadas vizinhas, como se mostra no diagrama seguinte para a conhecida pilha TCP/IP.

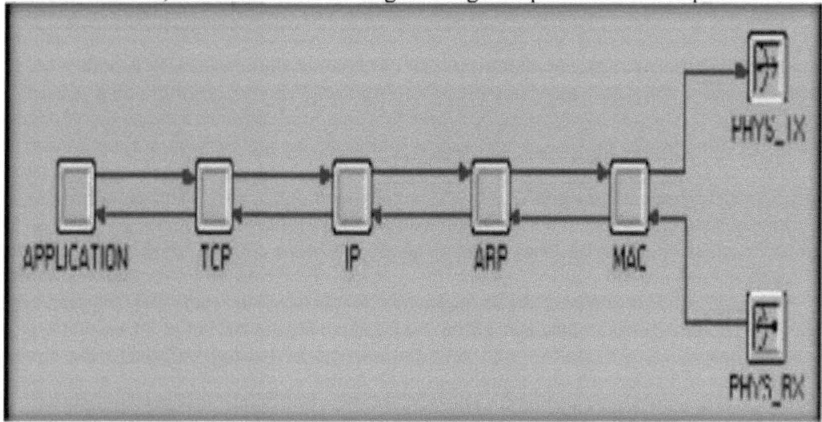


Fig (4.6): Representação OPNET do processo da pilha de protocolos TCP/IP

### 4.6.3 Domínio do processo:

Tal como indicado na descrição do domínio dos nós, os módulos de fila e de processador são elementos programáveis pelo utilizador que constituem elementos-chave dos nós de comunicação. As tarefas que esses módulos executam são chamadas de processos. Como tem um conjunto de instruções e mantém uma memória de estado, um processo é semelhante a um programa de software em execução. Os processos no OPNET são baseados em modelos de processos definidos no Editor de Processos. A relação entre o modelo de processo e o processo é semelhante à relação entre um programa e uma sessão particular desse programa em execução como uma tarefa (de facto, o termo processo também é utilizado em muitos sistemas operativos). Assim como os nós criados no Editor de projetos são instâncias de modelos de nós definidos com o Editor de nós, cada processo que é executado em uma fila, processador ou módulo e-sys é uma instância de um modelo de processo específico.

O paradigma de modelagem de processos do OPNET suporta os conceitos de grupos de processos. Um grupo de processos consiste em vários processos que são executados no mesmo processador ou fila. Quando uma simulação começa, cada módulo tem apenas um processo, denominado processo raiz. Este processo pode posteriormente criar novos processos que, por sua vez, podem criar outros também, etc. Quando um processo cria outro, ele é chamado de pai do novo processo; o novo processo é chamado de filho do processo que o criou. Os processos que são criados durante a simulação são designados por processos dinâmicos. O OPNET não impõe limites ao número de processos que podem ser criados num determinado processador ou fila. Os processos podem ser criados e destruídos com base em condições dinâmicas que são analisadas pela lógica dos processos em execução. Este paradigma fornece uma estrutura muito natural para modelar muitos sistemas comuns. Em particular, sistemas operativos multitarefa em que o processo raiz representa o próprio sistema operativo e os processos criados dinamicamente correspondem a novas tarefas; e protocolos multicontexto em que o processo raiz representa um gestor de sessões, por exemplo, e cada nova sessão solicitada é modelada através da criação de um novo processo do tipo correto.

Apenas um processo pode estar a ser executado em qualquer altura. Considera-se que um processo está a ser executado quando está a progredir através de novas instruções que fazem parte do seu modelo de processo. Quando um processo inicia a execução, diz-se que está a ser invocado. Um processo que está atualmente a executar pode invocar outro processo no seu grupo de processos para fazer com que este comece a executar. Quando isso acontece, o processo de invocação é temporariamente suspenso até que o processo invocado bloqueie. Um processo bloqueia indicando que concluiu o seu processamento para a sua invocação atual. Depois de o processo invocado ter bloqueado, o processo invocador retoma a execução onde tinha parado, de forma semelhante ao mecanismo de chamada de procedimento numa linguagem de programação como o C.

Os processos no OPNET são projetados para responder a interrupções e/ou invocações. As interrupções, que são descritas em detalhes em seções posteriores deste manual, são eventos direcionados a um processo e que podem exigir que ele execute alguma ação. Elas podem ser geradas por fontes externas a um grupo de processos, por outros membros de um grupo de processos ou por um processo para si mesmo. As interrupções correspondem normalmente a eventos como a chegada de mensagens, a expiração de temporizadores, a libertação de recursos ou a alterações de estado noutros módulos. Depois de um processo ter sido invocado devido a uma interrupção, pode invocar outros processos do grupo e estes podem, por sua vez, invocar outros processos, etc. O processamento de uma interrupção é concluído quando o primeiro processo invocado bloqueia.

O Editor de Processos do OPNET expressa modelos de processos em uma linguagem chamada Proto C, que é especificamente projetada para suportar o desenvolvimento de protocolos e algoritmos. O Proto-C é baseado em uma combinação de diagramas de transição de estado (STDs), uma biblioteca de comandos de alto nível conhecidos como Procedimentos do Kernel e os recursos gerais da linguagem de programação C ou C++. O STD de um modelo de processo define um conjunto de modos ou estados primários em que o processo pode entrar e, para cada estado, as condições que fariam com que o processo passasse para outro estado.

A condição necessária para que uma determinada mudança de estado ocorra e os estados de destino associados são chamados de transição. O exemplo seguinte, retirado do Process Editor, mostra a relação entre estados e transições no STD de um modelo de processo.

Os modelos Proto-C permitem a especificação de acções em vários pontos da máquina de estados finitos. As acções podem ser de natureza geral porque são expressas como instruções C ou C++. Uma vez que o Proto-C se concentra na modelação de protocolos e algoritmos, também fornece uma extensa biblioteca de mais de 300 procedimentos do núcleo (também conhecidos como KPs) que podem ser invocados para realizar acções normalmente necessárias.

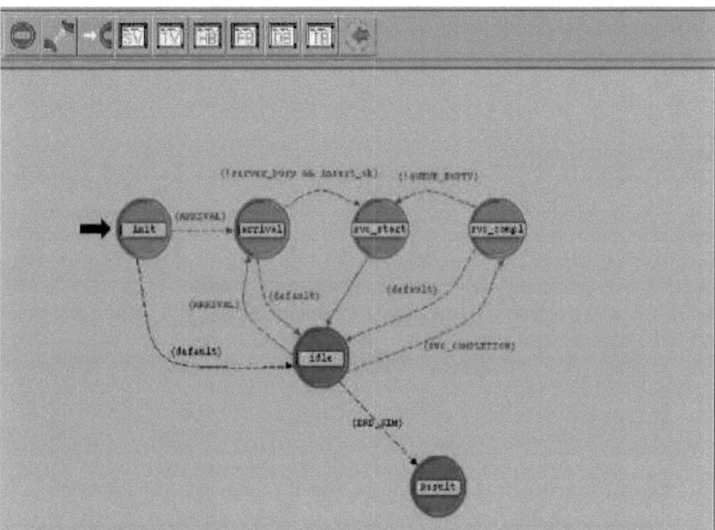

Fig (4.8): Relação dos níveis hierárquicos nos modelos OPNET

Os procedimentos do kernel são agrupados em pacotes de funções relacionadas. A tabela a seguir mostra alguns dos recursos fornecidos pelas bibliotecas de procedimentos do kernel.

A representação do diagrama de transição de estados do Proto-C é bem adequada para a especificação de um sistema acionado por interrupções, pois decompõe metodicamente os estados do sistema e o processamento que deve ocorrer em cada interrupção. Os STDs desenvolvidos no Editor de Processos do OPNET têm várias extensões além dos recursos oferecidos pelas abordagens tradicionais de diagramas de transição de estados:

- Variáveis de estado Os processos mantêm variáveis de estado privadas com variáveis nomeadas de tipos de dados arbitrários, incluindo específicos do OPNET, linguagem C/C++ geral e tipos definidos pelo utilizador. Esta capacidade permite a um processo manter de forma flexível contadores, tabelas de encaminhamento, estatísticas relacionadas com o seu desempenho ou mensagens que requerem retransmissão. Podem ser utilizadas combinações arbitrárias de valores de variáveis de estado em todas as decisões e acções implementadas por um processo.

- Executivos de estado Cada estado de um processo pode especificar acções arbitrariamente complexas associadas ao processo que entra ou sai desse estado. Estas acções, designadas por executivos de estado, são expressas com toda a flexibilidade da linguagem C/C++. As acções típicas incluem a modificação de informações de estado,

- Criar ou receber mensagens, atualizar o conteúdo e enviar mensagens, atualizar estatísticas e definir ou responder a temporizadores.

- Condições de transição As declarações de condições de transição, que determinam se uma transição deve ser percorrida, podem ser expressas como booleanos gerais da linguagem C/C++ que fazem referência a propriedades de uma nova interrupção, bem como a combinações de variáveis de estado.

- Executivos de transição As transições podem especificar acções gerais, designadas por executivos, que são implementadas sempre que são percorridas.
  Um modelo de processo pode definir parâmetros, chamados atributos, que são utilizados depois de ser instanciado como um processo para personalizar aspectos do seu

comportamento. Esta técnica promove a reutilização de modelos de processos para vários fins, evitando a especificação rígida sempre que possível. Por exemplo, um modelo de processo que executa o controlo de fluxo baseado em janelas pode ser definido com o tamanho da janela como um atributo, para que seja reutilizável em diferentes situações que exijam valores diferentes do tamanho da janela.

**4.6.4 Domínio do sistema externo:**

O módulo E-sys mencionado na descrição do domínio Node engloba o mecanismo OPNET para comunicar com outros simuladores e permitir-lhes interagir com uma simulação OPNET. Esta interação, designada por co-simulação, significa que os dois simuladores podem trocar dados enquanto funcionam de forma síncrona. Parte do papel tipicamente desempenhado por um módulo dentro de um nó é, em vez disso, desempenhado por um simulador externo ao OPNET. Para os módulos e-sys, o modelo de processo controla a interação do OPNET com o sistema externo. Os módulos E-sys têm todas as capacidades dos processadores e das filas.

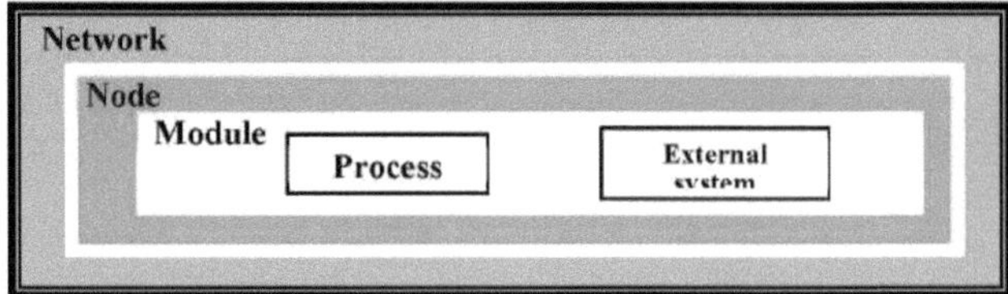


Fig (4.8): Relação dos níveis hierárquicos nos modelos OPNET

Para a simulação OPNET, um sistema externo é uma caixa preta. Enquanto o OPNET pode alimentar o sistema externo com dados e receber dados do mesmo, o outro simulador tem o controlo total dos dados após a sua chegada.

Um módulo e-sys é composto por duas partes principais: uma definição de sistema externo e um modelo de processo.

- A definição do sistema externo especifica (através de um ficheiro de descrição da simulação) a forma como a co-simulação deve ser construída e define a interface e-sys que trocará dados com o código externo. Elas podem aceitar dados do código externo, enviar dados para o código externo ou fazer as duas coisas. Uma interface e-sys contém normalmente um valor num determinado momento, e tanto o OPNET como o código externo têm acesso a esse valor.

Uma interface e-sys só pode conter um valor de cada vez, a menos que lhe sejam especificamente atribuídos mais elementos, caso em que se designa por interface vetorial. Uma interface vetorial pode conter tantos valores quantos os seus elementos. Os elementos de uma interface vetorial são distinguidos por números de índice, tal como as posições individuais numa matriz são referenciadas por um número de índice.

O modelo de processo do módulo e-sys coloca valores nas interfaces e-sys e lê os valores colocados nas interfaces e-sys pelo simulador externo. Serve de interface entre o código externo e o resto do modelo OPNET.

**4.6.5 Modelos, objectos e atributos:**

As secções anteriores descrevem os principais tipos e objectos do modelo OPNET; esta secção apresenta o modelo de objectos OPNET de forma mais detalhada. Sempre que possível, a informação é apresentada independentemente dos domínios de modelação, exceto quando se centra em exemplos. Os objectos representam entidades que fazem parte do sistema de interesse. Em geral, um objeto é um componente ou bloco de construção de um modelo e diz-se que o objeto faz parte desse modelo. Assim, por exemplo, um módulo de processador é um objeto que faz parte de um modelo de nó. Um objeto desempenha geralmente uma ou mais das seguintes funções num modelo:

**4.6.5.1 Funções típicas de um objeto num modelo:**

- Especificar o comportamento

- Criar informações

- Armazenar e gerir informações
- Processar, modificar ou retransmitir informações
- Responder a eventos
- Conter outros objectos

Os objectos são criados através de vários mecanismos nos modelos OPNET. Muitos resultam da especificação explícita do utilizador através de métodos gráficos ou programáticos. Assim, por exemplo, um objeto de ligação pode ser criado num modelo de rede arrastando-o fisicamente da paleta de objectos do Editor de projectos. Outros objetos são criados automaticamente pelo sistema. Por exemplo, os subobjetos de fila são criados automaticamente para um objeto de fila. Da mesma forma, quando um objeto nó é criado, os objetos dentro do nó também são implicitamente assumidos como existentes. Finalmente, durante a simulação, alguns objetos são criados dinamicamente pelo sistema ou pelo modelo. Um processo, por exemplo, pode ser considerado um objeto e pode ser criado a qualquer momento por outro processo para realizar uma tarefa. Os objectos dinâmicos são diferentes em muitos aspectos dos objectos OPNET criados estaticamente; em particular, oferecem interfaces mais especializadas, permitindo a sua manipulação de uma forma mais eficiente. A maior parte do material desta secção não se aplica a objectos dinâmicos. Para obter um comportamento previsível e controlável ao construir um sistema complexo de muitos objectos, cada objeto deve ter uma interface bem definida.

A interface de um objeto OPNET consiste essencialmente nos atributos que este disponibiliza e nos procedimentos que suporta para aceder aos seus atributos ou para o levar a realizar acções. Alguns procedimentos suportados pelos objectos são fornecidos automaticamente pelo OPNET; outros são programados pelos utilizadores para necessidades especializadas. A maioria dos procedimentos varia de acordo com o tipo de objeto, pelo que poucos comentários gerais podem ser feitos sobre eles, exceto para dizer que é crucial que tenham uma interface bem conhecida e que protejam os utilizadores dos detalhes subjacentes à implementação do objeto.

#### 4.6.5.2  Componentes de atributos:

Os atributos são itens de dados utilizados para configurar um objeto e representam o controlo que o designer do objeto disponibilizou ao utilizador. Cada atributo tem um nome que lhe permite ser referenciado de forma única dentro de um objeto. Cada atributo também fornece uma área de armazenamento para as informações que lhe são "atribuídas". Esta informação é designada por valor do atributo. Por último, um atributo tem um conjunto de propriedades que especificam as regras relacionadas com a sua utilização, bem como várias funções adicionais. As principais propriedades dos atributos são enumeradas no quadro seguinte.

#### 4.6.5.3  Propriedades do atributo:

Tal como descrito na tabela, o OPNET suporta um tipo de dados de atributo denominado composto. Os atributos compostos suportam o armazenamento de dados complexos aninhados dentro de um objeto de uma forma muito simples: o valor é ele próprio outro objeto. Este objeto pode ter qualquer número de atributos próprios, incluindo atributos compostos adicionais. Alguns objectos incorporados no OPNET têm atributos compostos. Por exemplo, as filas incorporam subfilas utilizando este mecanismo; de forma semelhante, os transmissores e receptores representam os canais que contêm como atributos compostos. Os modelos definidos pelo utilizador também podem criar atributos compostos para fins específicos da aplicação. Uma utilização típica de um atributo composto num modelo de protocolo é a representação de uma tabela de encaminhamento ou de circuitos.

Modelos derivados Em muitos casos, os desenvolvedores de modelos precisam personalizar a interface de um modelo sem alterar a estrutura interna ou o comportamento do modelo. As interfaces de atributos de modelos de nós e links podem ser modificadas usando um mecanismo chamado derivação de modelo. A derivação de modelo opera em um modelo existente e gera um novo modelo que possui interfaces de atributos diferentes. O modelo resultante é chamado de modelo derivado, e o modelo a partir do qual ele foi criado é chamado de modelo pai. Um modelo que não é derivado de nenhum outro modelo (um caso muito comum) é chamado de modelo base. Todos os modelos derivados têm um modelo de base único ao qual se referem através de uma ou mais derivações.

O objetivo do mecanismo de modelo derivado é permitir o desenvolvimento de interfaces especializadas sem ter de duplicar ou recriar a funcionalidade principal de um modelo. Uma vez que um modelo principal e o seu modelo derivado são fundamentalmente os mesmos em termos de estrutura e comportamento, a especificação desta informação é partilhada. Isso proporciona economia de especificação e reforça a consistência de longo prazo desses modelos à medida que são modificados ao longo do tempo.

## 4.7 Recolha de dados e simulação:

O objetivo da maioria dos esforços de modelação é obter medidas do desempenho de um sistema ou fazer observações relativas ao comportamento de um sistema.

O OPNET apoia estas actividades através da criação de um modelo executável do sistema.

Desde que o modelo seja suficientemente representativo do sistema real, o OPNET permite a obtenção de estimativas realistas de desempenho e comportamento através da execução de simulações. Vários mecanismos são fornecidos para coletar os dados desejados de uma ou mais simulações de um sistema.

## 4.8 Tipos de dados de saída de simulação:

As simulações do OPNET são capazes de produzir muitos tipos de saída. Naturalmente, devido à programabilidade geral dos modelos de processo e modelos de ligação, os programadores podem definir os seus próprios tipos de ficheiros de saída, incluindo relatórios de texto, ficheiros binários proprietários, etc. No entanto, na maioria dos casos, os modeladores utilizam os tipos de dados diretamente suportados pelo OPNET. Estes são vectores de saída, escalares de saída e animação. Cada um deles é brevemente descrito nesta secção.

## 4.9 Resumo:

Este capítulo aborda uma visão geral da simulação do OPNET, fornece uma breve descrição de cada componente e aborda a arquitetura do OPNET, para além dos componentes principais. Os alunos que pretendam obter mais informações devem estudar o ficheiro de ajuda e trabalhar com os tutoriais.

# Capítulo 5
# A CONCEPÇÃO

**5.1 Introdução**

Para conceber uma VLAN, existem muitos cenários de rede e outros na rede WAN, alguns dos quais na rede WAN que liga LANS entre si. Nesta tese, o investigador começou por estudar a VLAN em LANs utilizando a aplicação Cisco packet tracer, que é um poderoso programa de simulação de rede que permite experimentar o comportamento da rede. O Packet Tracer fornece capacidades de simulação, visualização, criação, avaliação e colaboração e facilita a aprendizagem de conceitos tecnológicos complexos. E para a simulação completa da rede, o investigador utiliza as ferramentas OPNET que foram discutidas e explicadas no capítulo quatro.

**5.2 Conceção de VLAN utilizando o pacote Cisco**

A utilização desta aplicação para a conceção de redes como a VLAN pode dar uma visão real do funcionamento e do comportamento da rede, podendo também efetuar o ping de toda a conetividade da rede.

**5.2.1 VLAN na rede com um**

O desenho aqui foi feito para duas VLANs diferentes, uma é chamada de departamento de SW e a outra é o departamento de TI, usando um switch. O resultado foi que as duas redes estão a funcionar corretamente e os círculos verdes mostram que o tráfego está a correr perfeitamente no desenho.

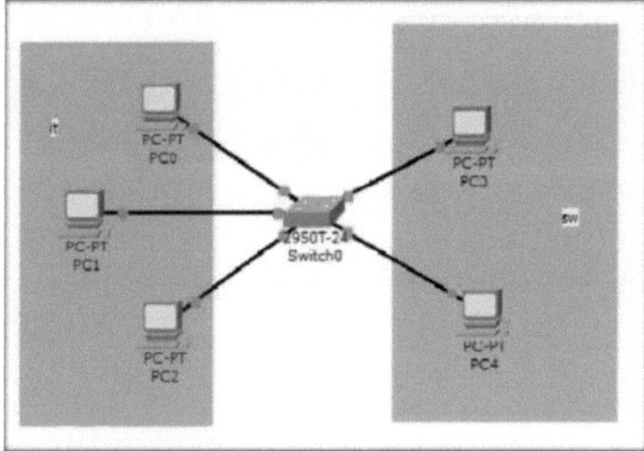


Fig (5.1) VLANS com um interrutor.

A configuração do IP da rede pode estar na mesma sub-rede ou em sub-rede diferente, pelo que, para comprovar o tráfego de VLAN, o desenho foi efectuado na mesma sub-rede, pelo que o tráfego irá apenas para as VLAN configuradas.

**5.2.2 VLAN utilizando dois comutadores**

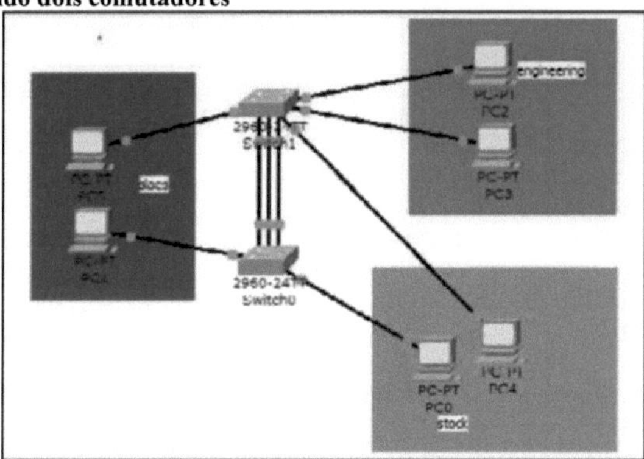

Fig (5.2): VLANS com dois comutadores.

Este desenho foi feito para três VLANs (engenharia, stock, vendas) que se encontram em dois comutadores diferentes nos nossos edifícios e, pelo desenho, parece que o tráfego circula entre os dois comutadores. Os três cabos entre os dois comutadores são utilizados para as duas VLANs; cada VLAN necessita de um cabo separado para o tráfego.

### 5.2.3   VLAN utilizando o router

O router é utilizado para ligar uma VLAN (designers) em duas redes ligadas por este router, que também estão a utilizar endereços IP diferentes e a VLAN funciona perfeitamente. Os dois cabos entre os comutadores e o router são utilizados para o tráfego VLAN.

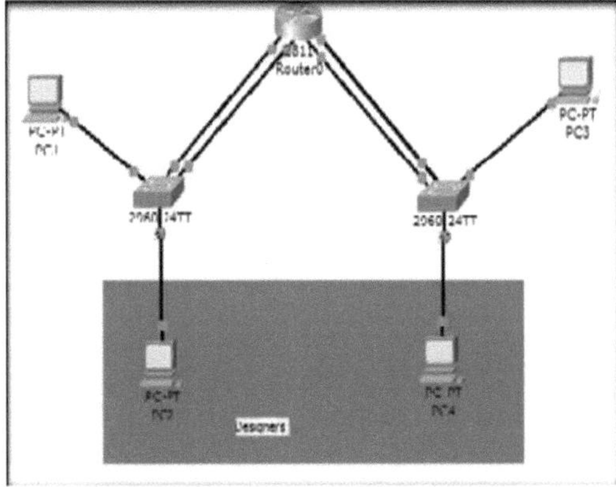

Fig (5.3): VLAN com ROUTER.

### 5.2.4   VLAN na rede WAN

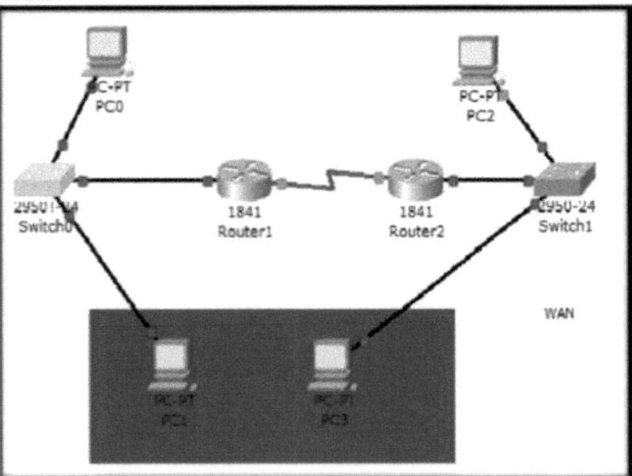

Fig (5.4): VLAN em WAN.

A rede representa a WAN através de routers (router1 e router2) e o protocolo da WAN é o Frame Relay. Os dois nós (PC1 e PC3) da VLAN estão ligados através dos routers. O tráfego da VLAN passa através de uma largura de banda partilhável da WAN e, na secção seguinte, é explicada a utilidade da VLAN na WAN.

### 5.3   Simulação de VLAN utilizando o OPNET

Nesta parte, o estudo irá simular a VLAN utilizando o OPNET (**Network Engineering, Operations and Planning**), a ferramenta mais poderosa utilizada na simulação de redes. Tal como referido no capítulo anterior, a simulação OPNET é representada em três fases (modelo de rede, modelo de nó e modelo de processo)

### 5.3.1 Rede proposta

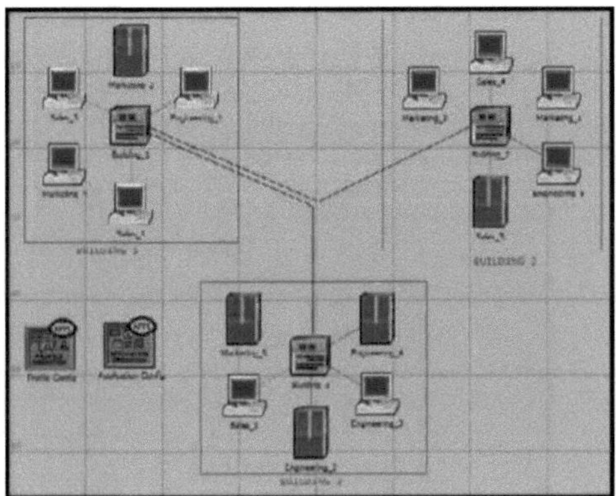

Fig (5.5): Três LANs conectadas através de switches

A conceção da rede inclui três LANs diferentes. As LANs comunicam entre si através de comutadores e cada LAN está situada num edifício diferente.

### 5.3.2 Modelo de nó de comutação:

Esta secção centra-se na descrição da estrutura do sistema utilizando objectos. Os objectos constituem uma abordagem natural para a construção de modelos da maioria dos sistemas, incluindo redes de comunicações. Isto deve-se em parte ao facto de, no mundo real, os sistemas incluírem muitas entidades fisicamente distintas que consideramos simplesmente como objectos.

O comutador é o principal componente na conceção e implementação da VLAN, sendo o núcleo da transmissão do tráfego.

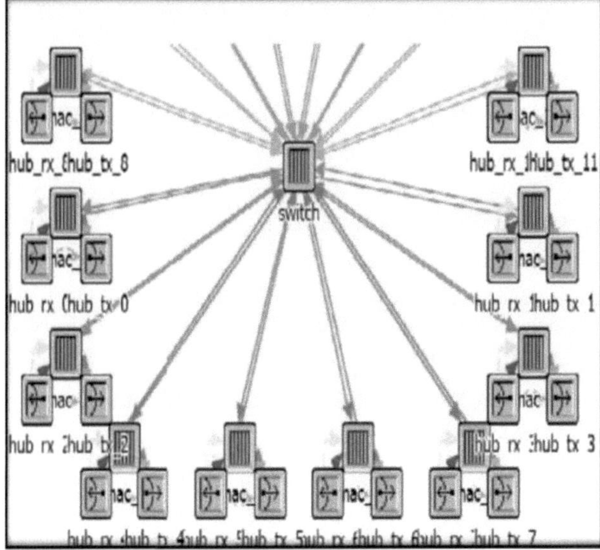


Fig (5.6): Modelo de nó de comutação

O modelo de nó da ferramenta de simulação OPNET para esta parte foi concebido ligando as 16 portas à unidade de comutação (processador de comutação), cada porta é constituída por TX, RX e a fila que representa o endereço Mac.

Os módulos de fila fornecem um superconjunto da funcionalidade dos módulos de processador. Como os processadores, eles podem executar um modelo de processo arbitrário que descreve o comportamento de um processo ou protocolo específico e podem ser conectados por meio de fluxos de pacotes a outros módulos, permitindo que eles enviem e recebam pacotes de dados. O modelo de processo também pode afetar a lista de atributos do objeto de fila.

### 5.4  modelo de nó de posto de trabalho

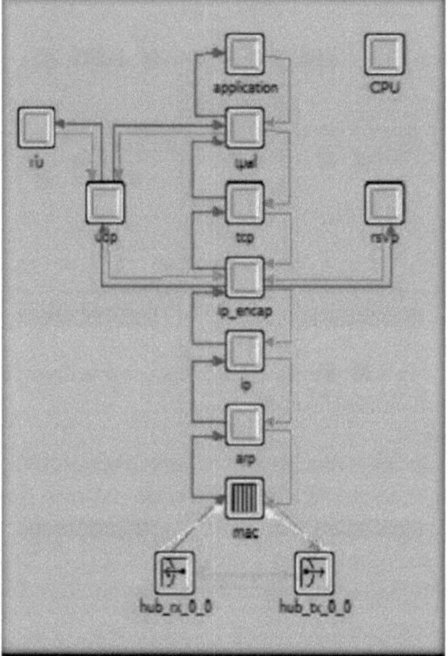

Fig (5.7): modelo de nó de posto de trabalho

### 5.4.1  Modelo de nó de estação de trabalho

O atraso de processamento da estação de trabalho é uma parte integrante do tempo de resposta global do sistema e depende da configuração do hardware e do software da estação de trabalho.

Vamos examinar o desempenho do cliente à medida que este interage com outros elementos da rede. A estação de trabalho responde a questões relacionadas com a capacidade, tais como:

- Quanta memória e quantas CPUs e discos são necessários?

- Como é que os recursos de hardware afectam o tempo de resposta da aplicação?

- Como é que os componentes do servidor são afectados pelo aumento da carga da aplicação?

O modelo especializado de posto de trabalho (SSM) faz parte da biblioteca de modelos especializados e funciona com simulação de eventos discretos.

### 5.4.2  Processador IP:

O processador IP do projeto que está diretamente ligado ao encapsulamento dos pacotes de dados e ao processador ARP que representa as portas Mac.

### 5.4.3  Processador ARP:

Para que duas máquinas numa determinada rede possam comunicar, têm de conhecer os endereços físicos (ou MAC) da outra máquina. Através da difusão de protocolos de resolução de endereços (ARPs), um anfitrião pode descobrir dinamicamente o endereço da camada MAC correspondente a um determinado endereço da camada de rede IP.

Depois de receberem um endereço da camada MAC, os dispositivos IP criam uma cache ARP para armazenar o mapeamento do endereço IP para MAC recentemente adquirido, evitando assim ter de transmitir ARPS quando pretendem voltar a contactar um dispositivo. Se o dispositivo não responder dentro de um período de tempo especificado, a entrada da cache é eliminada.

### 5.4.4   Outro processador na conceção do posto de trabalho:

- TPAL, o conjunto de modelos da camada de adaptação do transporte, apresenta uma interface básica e uniforme entre as aplicações e os modelos da camada de transporte. Todas as interacções com uma aplicação remota através da TPAL são organizadas em sessões.

- Multitarefa da CPU A modelagem da CPU usa um algoritmo de agendamento round-robin prioritário e preemptivo para cada partição da CPU.

- RIP O RIP (Routing Information Protocol) é um protocolo de encaminhamento de vetor de distância (Bellman Ford) que se destina a gateways para troca de informações de encaminhamento entre redes baseadas em IP.

- Aplicação o modelo de aplicações é um modelo simples e geral de aplicações de rede cliente e servidor. O seu comportamento pode ser modificado através de parâmetros para o fazer funcionar como uma grande variedade de aplicações de rede.

### 5.5   Modelo do processo de conceção:

### 5.5.1   Modelo de processo de fila de comutação:

Este modelo de processo representa a fila, que consiste num buffer FIFO (first-in-firstout) com pacotes que chegam aleatoriamente de acordo com o processo, e um processador (chamado servidor) que recupera os pacotes do buffer a uma taxa de serviço especificada.

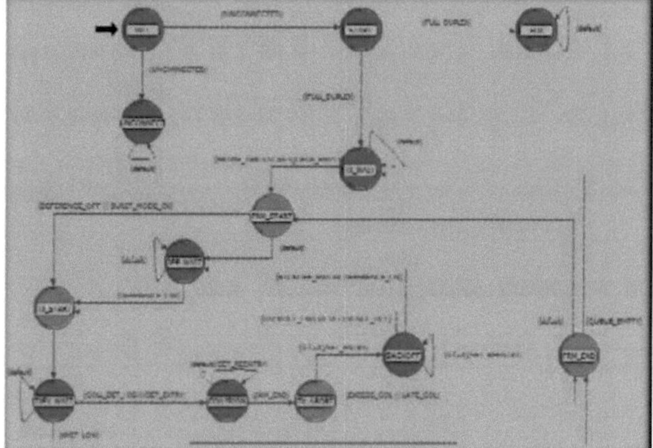

Fig (5.8): Modelo de processo de fila de comutação

A fila de espera é geralmente representada por um processo que regula a chegada de pacotes a uma memória intermédia infinita. Quando um pacote atinge o topo do buffer, ele é processado por um servidor e enviado ao seu destino. O modelo de fila requer um meio de gerar, enfileirar e servir pacotes, tudo isso pode ser feito com os módulos de nó existentes fornecidos no Editor de nós. O processo da fila começa com a inicialização até o processo de TX e RX.

### 5.6   Resultado da simulação OPENT

A simulação é uma atividade que fornece uma forma de observar o comportamento do modelo e obter estatísticas de desempenho para análise. As simulações são criadas e controladas no Editor de Projectos ou (para um controlo avançado) na Ferramenta de Simulação.

### 5.6.1   Cenário de simulação sem VLAN (funcionamento normal):

Rede clássica sem qualquer separação entre departamentos. As redes existem nos três edifícios (EDIFÍCIO 1 - EDIFÍCIO 2 - EDIFÍCIO 3) e estão ligadas fisicamente através de três comutadores geríveis.

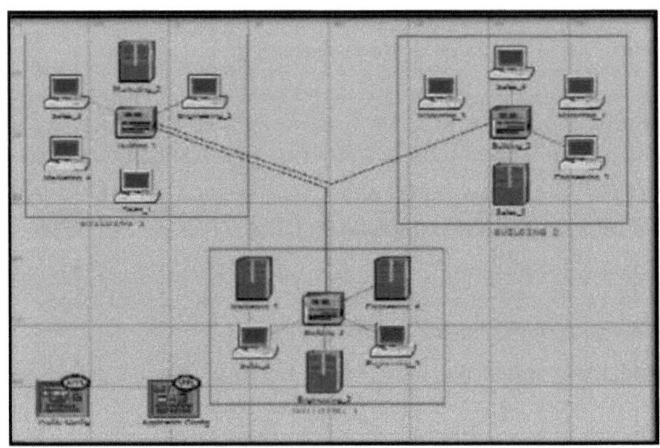

Fig (5.9): Cenário de rede sem VLAN

Para testar o resultado da simulação da rede, existem várias formas, incluindo o desempenho, o atraso, a Ethernet, os protocolos de transferência como o FTP, o HTTP e o correio eletrónico, para além do desempenho dos nós.

**5.6.1.1 Medição Ethernet**

Table (5(1)    Atraso de Ethernet

| Ethernet | | | |
|---|---|---|---|
| Estatísticas | Média | Máximo | Mínimo |
| Atraso Ethernet (seg) | 00004827 | 00012569 | 00000578 |

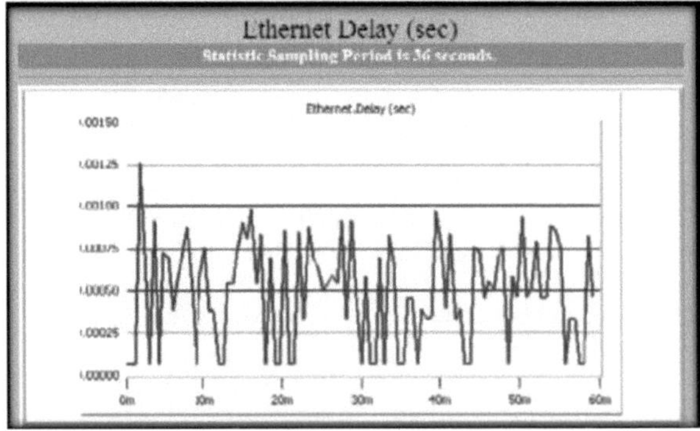


Fig (5.10): Gráfico de representação do atraso da Ethernet)

**5.6.1.2 Resultado do valor médio dos comutadores**

Valores médios

| Nó | Interruptor Tráfego Abandono (pacotes) | Interruptor Tráfego filtrado (pacotes) | Interruptor Tráfego Reencaminhado (bits) | Interruptor Tráfego encaminhado (bits/s) | Interruptor Tráfego encaminhado (pacotes) | Tráfego de comutação encaminhado (pacotes/seg.) | Interruptor Tráfego Recebido (bits/seg.) | Tráfego de comutação recebido (pacotes/seg.) |
|---|---|---|---|---|---|---|---|---|
| Construção | 0 | | 99.808 | 1.802.1 | 31.323 | 0.56556 | 1.789.8 | 0.54500 |
| Edifício! | 0 | - | 85.414 | 1.376.1 | 26.828 | 0.43222 | 1.507.4 | 0.91028 |
| Edifício_3 | 0 | - | 81.305 | 1.264.7 | 26.482 | 0.41194 | 1.394.1 | 0.88667 |
| Todos os objectos listados nesta tabela estão localizados na rede "sub-rede O | | | | | | | | |

Table (5(2)    comuta o tráfego em todos os edifícios

Neste caso, o investigador verificou que existe mais tráfego na rede sem VLANs, uma vez que qualquer comunicação entre departamentos é permitida.

**5.6.2 Cenário de simulação com VLAN (três VLANs)**

Rede composta por três departamentos. Estes departamentos estão logicamente separados através da utilização de uma VLAN diferente para cada um deles. No mesmo cenário.

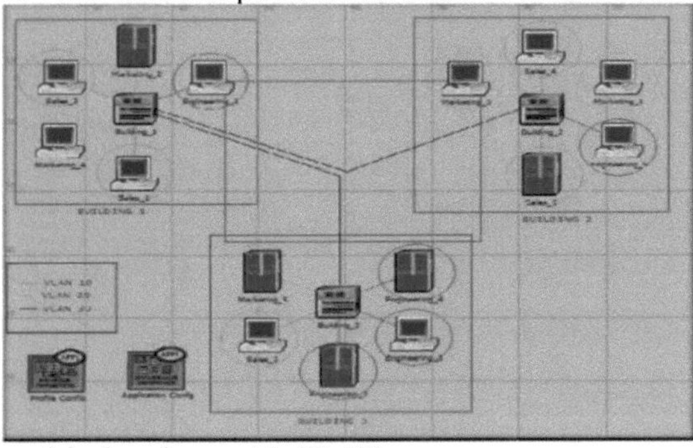

Fig (5.11): cenário de rede com três VLANs

**5.6.2.1   Resultado da medição Ethernet**

Tabela (5.3): Atraso da Ethernet na VLAN

| Ethernet | | | |
|---|---|---|---|
| Estatísticas | Média | Máximo | Mínimo |

| Atraso Ethernet (seg) | 0.0002666 | 0.0010397 | 0.0000578 |
| --- | --- | --- | --- |

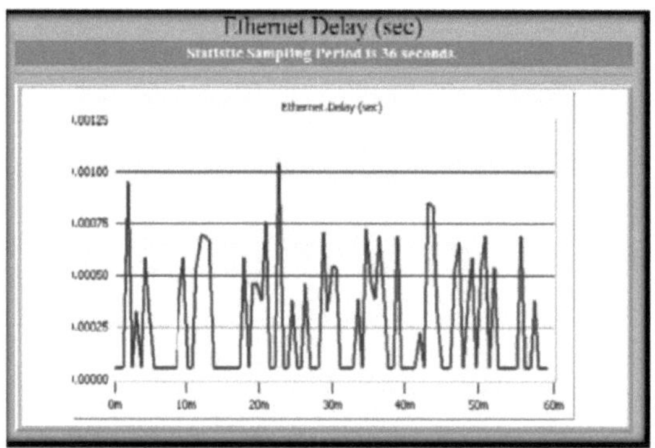


Fig (5.12): Gráfico de atraso de Ethernet em VLAN

**5.6.2.2    Comuta o resultado do valor médio:**

Table (5(4)    Valores médios em VLAN

| Nó | | | | | | | | |
| --- | --- | --- | --- | --- | --- | --- | --- | --- |
| | Valores médios | | | | | | | |
| Nó | Interruptor Tráfego Abandono (pacotes) | Tráfego de comutaçã o filtrado (pacotes) | Interruptor Tráfego Reencamin hado (bits) | Interruptor Tráfego Encaminha do (bits/s) | Interruptor Tráfego Encaminha dos (pacotes) | Interruptor Tráfego encaminhad o (pacotes/se g.) | Interrupto r Tráfego Recebido (bits/seg.) | Trocar tráfego Recebidos (pacotes/se g.) |
| Construção | 0 | 12.889 | 37.947 | 864.36 | 18.098 | 0.41222 | 830.03 | 0.35611 |
| Edifício! | 0 | 13.967 | 24.654 | 199.93 | 12.260 | 0.24861 | 628.19 | 0.72111 |
| Edifício_3 | 0 | 9.951 | 37.537 | 688.18 | 17.061 | 0.31278 | 831.71 | 0.80694 |

## 5.7 comparação de resultados:
### 5.7.1 Estudo de resultados Ethernet

Table (5(5)   Comparação do atraso entre rede sem VLAN e com VLAN

|   |   | Estatísticas | Média | Máximo | Mínimo |
|---|---|---|---|---|---|
| 1 | Sem VLAN | Atraso Ethernet (seg) | 0.0004827 | 0.0012569 | 0.0000578 |
| 2 | VLAN | Atraso Ethernet (seg) | 0.0002666 | 0.0010397 | 0.0000578 |

Na tabela acima, ao comparar as duas redes no valor médio, verifica-se que, ao utilizar a tecnologia VLAN, o atraso foi reduzido em 44%, o que comprova o objetivo da tese.

Tabela (5.6): Comparação entre o tráfego de rede sem VLAN e com VLAN

|   | Nó | Tráfego Filtrado (pacotes) | Tráfego Encaminhados (pacotes) | Tráfego encaminhado (pacotes/seg.) | Tráfego Recebidos (pacotes/seg.) |
|---|---|---|---|---|---|
| 1 | Não há definição de VLAN^1 | - | 31.323 | 0.56556 | 0.54500 |
| 2 | Criação de VLAN^1 | 12.889 | 18.098 | 0.41222 | 0.35611 |
| 3 | Não VLANbu ildi ng_2 | - | 26.828 | 0.43222 | 0.91028 |
| 4 | VLAN_edifício^2 | 13.967 | 12.260 | 0.24861 | 0/72444 |
| 5 | Não VLANbu ildi ng_3 | - | 26.482 | 0. 41194 | 0.88667 |

| 6 | Construção de VLANJJ | 9.951 | 17.061 | 0.31278 | 0.80694 |
| --- | --- | --- | --- | --- | --- |

No diagrama acima

- Os comutadores dos três edifícios, ao utilizarem a técnica VLAN, filtraram muitos pacotes.

- Na VLAN, os pacotes encaminhados são muito reduzidos em comparação com a rede sem VLAN.

- O tráfego recebido é menor nas redes com VLAN do que nas redes sem VLAN
VLAN.

**5. 8 Resumo:**

A utilização do conceito de VLAN nas redes aumentará o desempenho e reduzirá o tráfego. A ferramenta de simulação OPNET provou que o conceito e o objetivo da investigação estão correctos.

As VLANs são um meio eficaz de dividir uma LAN maior em subconjuntos gerenciáveis. As VLANs restringem o domínio de difusão, melhoram o desempenho e a segurança e são ideais para isolar os sistemas de automação industrial dos sistemas de TI, mantendo a cablagem estrutural da fábrica.

# Recomendação

1. Implementar a rede VLAN nas redes existentes na faculdade que funcionam nos diferentes departamentos da faculdade para obter os benefícios da VLAN, de modo a que os utilizadores possam ser agrupados de acordo com as suas necessidades de comunicação em rede, independentemente das suas localizações físicas reais dentro da faculdade e que a subdivisão da LAN em segmentos mais pequenos, ou VLANs, aumente a fiabilidade e o desempenho globais e torne a rede mais fácil de manter.

2. Escreva um artigo a partir da ideia da tese e publique-o nas empresas e organizações disponíveis para explicar a tecnologia de VLAN e o futuro do protocolo.

3. Concluir o estudo de investigação sobre a VLAN sem fios, que alargará o desenvolvimento do protocolo.

4. O conselho para o estudo e investigação da rede WAN de lançamento de VLAN entre diferentes routers permite ao administrador configurar várias VLAN que podem ser marcadas ou não marcadas; isto é útil para nós que têm de comunicar em mais do que uma VLAN.

5. Ensino da ferramenta de simulação OPNET nos cursos avançados de redes.

6. Utilizar os comutadores geríveis nos laboratórios de rede da faculdade e incluí-los no programa de rede para que os alunos possam praticar e aprender a configurá-los.

7. Aconselhar os estudantes a trabalhar com ferramentas de simulação nos seus projectos de sistemas complexos.

8. Aconselhar as empresas e as origens a melhorar o desempenho da rede através da utilização de comutadores de camada 2 e 3.

9. Existem muitas soluções de compromisso, sendo sobretudo necessário acabar com a ignorância do lado das TI em relação às VLAN, como principal fator para um bom desempenho.

10. É necessário completar outras aplicações VLAN.

# Referências

**Referências:**

- Em Proc. Da Conferência Internacional IEEE de 2004 sobre Computação em Cluster (Cluster2004), T. Kudoh, H. Tezuka, M. Matsuda, Y. Kodama, O. Tatebe e S. Sekiguchi. Roteamento baseado em VLAN: Multipath L2 Ethernet Network for HPC Clusters. setembro de 2004.

- Norma IEEE para redes locais e metropolitanas - Controlo de acesso aos meios de comunicação (MAC) Bridges, 2004.

- IEEE STD 802.1Q, "IEEE Standards for Local and Metropolitan Area Networks Virtual Bridged Local Area Networks", maio de 2003.

- Visão geral do roteamento entre LANs virtuais. http://www. cisco. com/en/US/products/sw/iosswrel/ps1826/produc ts configuration guide chapter09186a0080088102.html .

- Universidade do Colorado, 1997, Tecnologia VLAN em redes comutadas, Ivan Humberto Ospina

- Compreensão do protocolo de tronco VLAN. http://www.cisco.com/en/US/tech/tk389/tk689/technologies tech note09186a0080094c52. shtml .

# Apêndice A
# RESULTADO DA SIMULAÇÃO NO-VLAN

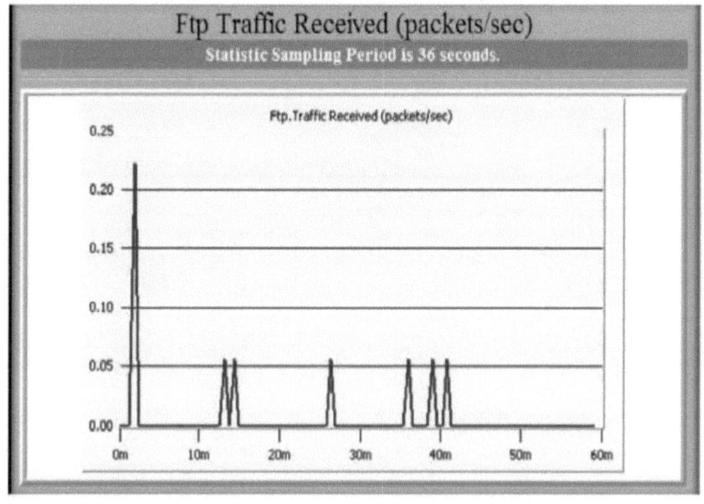


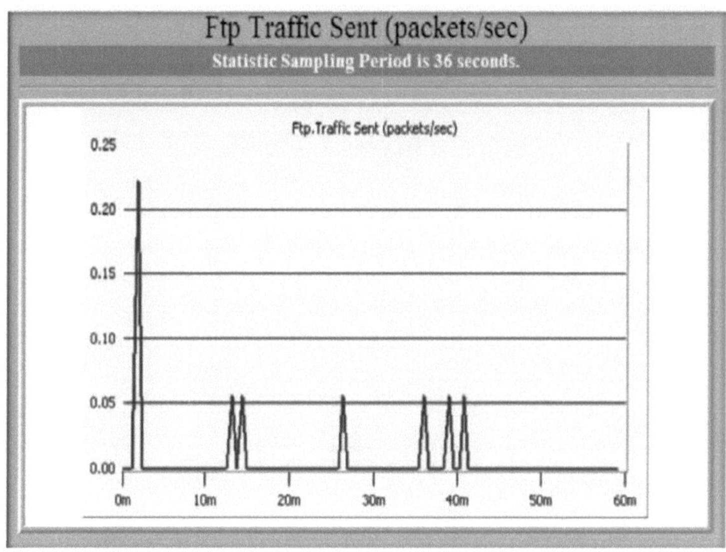

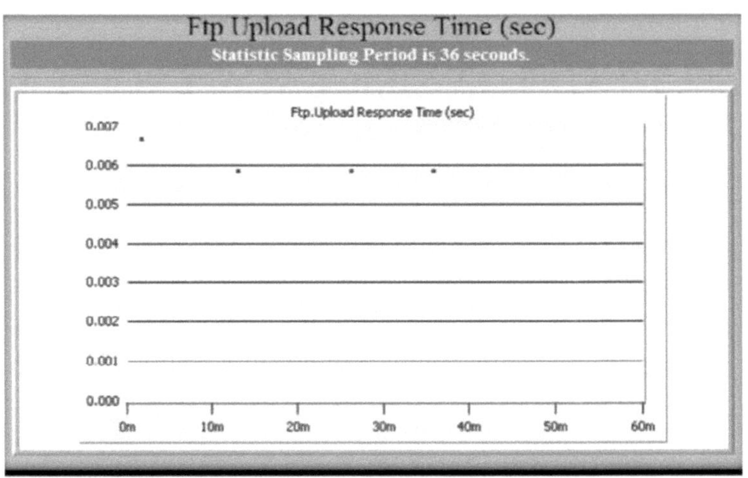


| HTTP | | | |
|---|---|---|---|
| **Statistic** | **Average** | **Maximum** | **Minimum** |
| HTTP Traffic Received (packets/sec) | 0 | 0 | 0 |
| HTTP Traffic Sent (packets/sec) | 0 | 0 | 0 |

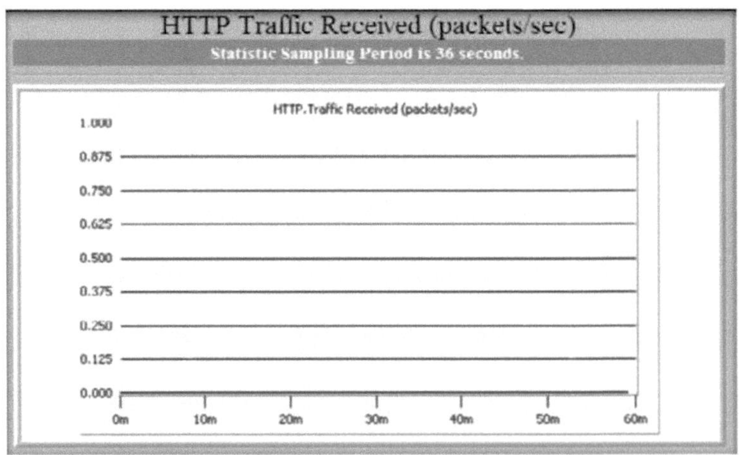

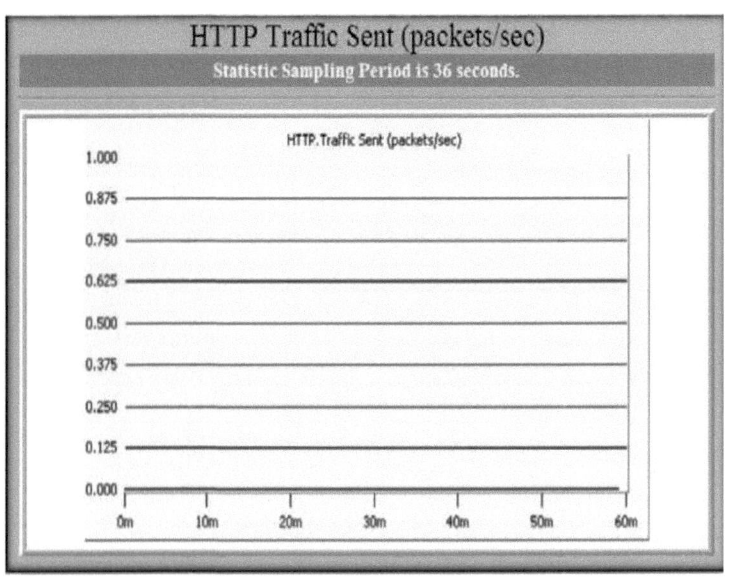



## Average Values

| Node | Switch Traffic Dropped (packets) | Switch Traffic Filtered (packets) | Switch Traffic Forwarded (bits) | Switch Traffic Forwarded (bits/sec) | Switch Traffic Forwarded (packets) | Switch Traffic Forwarded (packets/sec) | Switch Traffic Received (bits/sec) | Switch Traffic Received (packets/sec) |
|---|---|---|---|---|---|---|---|---|
| Building_1 | 0 | - | 99,808 | 1,802.1 | 31.323 | 0.56556 | 1,789.8 | 0.54500 |
| Building_2 | 0 | - | 85,414 | 1,376.1 | 26.828 | 0.43222 | 1,507.4 | 0.91028 |
| Building_3 | 0 | - | 81,305 | 1,264.7 | 26.482 | 0.41194 | 1,394.1 | 0.88667 |

All objects listed in this table are located in the "subnet_0" network.

# Switch Traffic Dropped (packets)



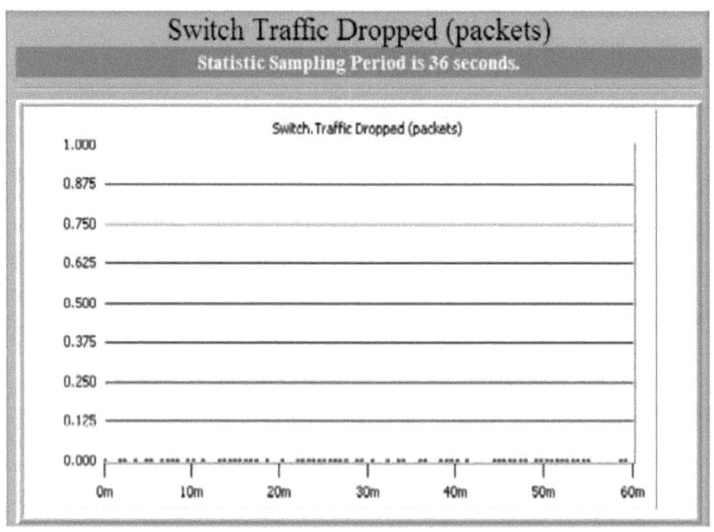

# Switch Traffic Forwarded (packets)



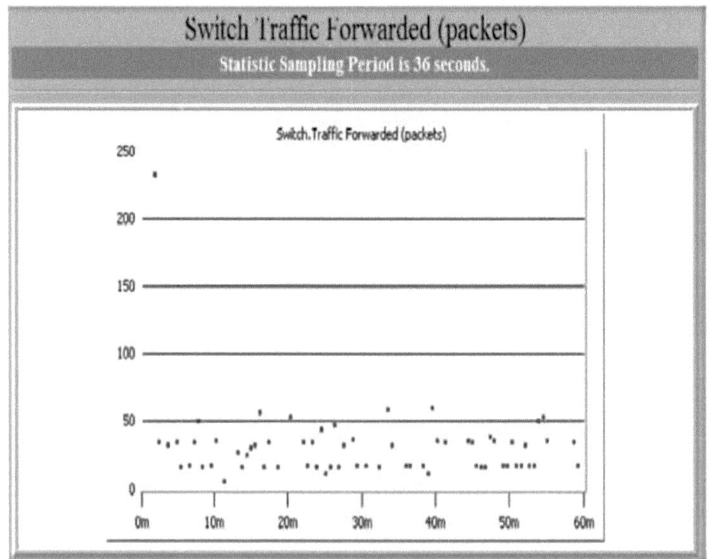

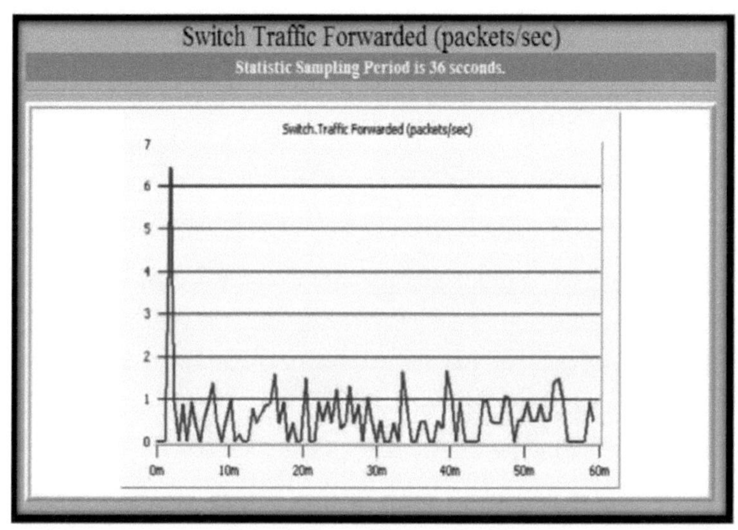


Switch Traffic Forwarded (packets/sec)
Statistic Sampling Period is 36 seconds.
Switch.Traffic Forwarded (packets/sec)
7
6
5
4
3
2
1
0
0m    10m    20m    30m    40m    50m    60m


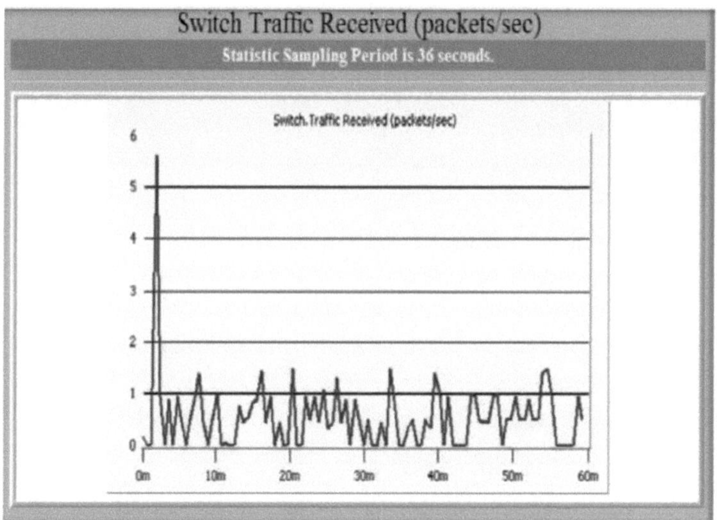


Switch Traffic Received (packets/sec)
Statistic Sampling Period is 36 seconds.
Switch.Traffic Received (packets/sec)
6
5
4
3
2
1
0
0m    10m    20m    30m    40m    50m    60m

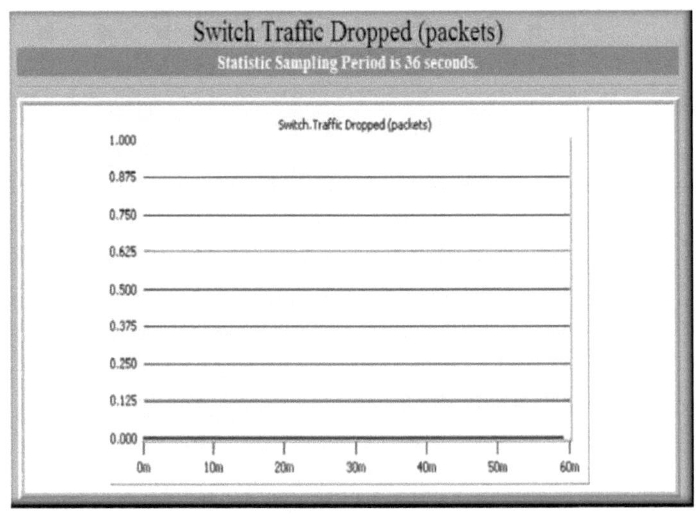


Switch Traffic Dropped (packets)
Statistic Sampling Period is 36 seconds.
Switch.Traffic Dropped (packets)
1.000
0.875
0.750
0.625
0.500
0.375
0.250
0.125
0.000
0m    10m    20m    30m    40m    50m    60m


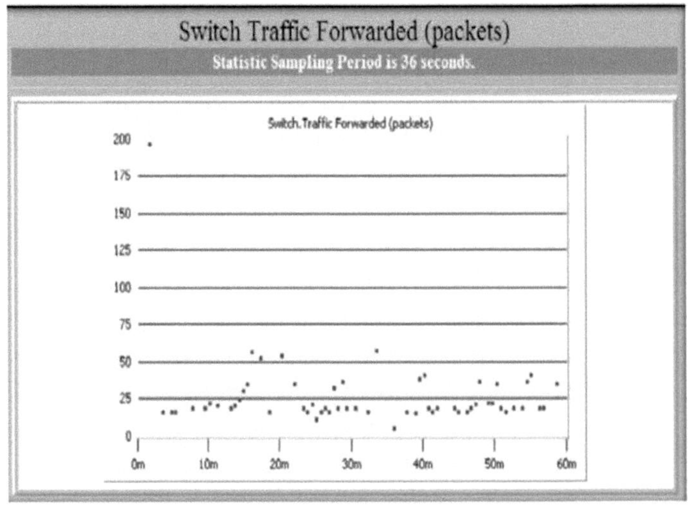


Switch Traffic Forwarded (packets)
Statistic Sampling Period is 36 seconds.
Switch.Traffic Forwarded (packets)
200
175
150
125
100
75
50
25
0
0m    10m    20m    30m    40m    50m    60m

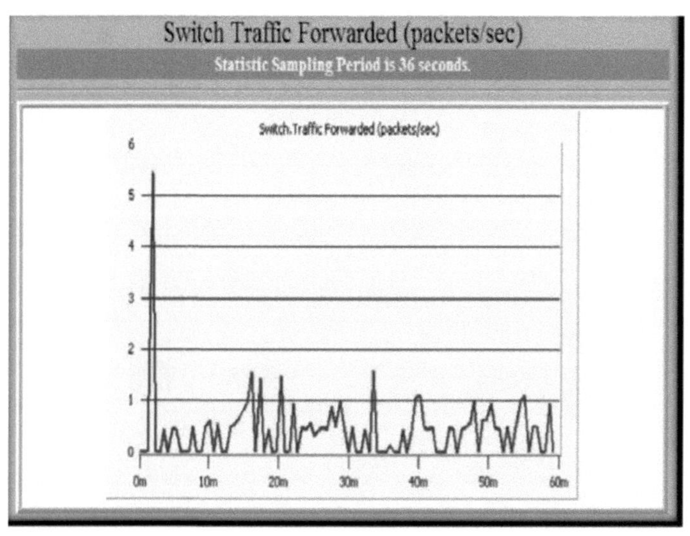


Switch Traffic Forwarded (packets/sec)
Statistic Sampling Period is 36 seconds.
Switch.Traffic Forwarded (packets/sec)
6
5
4
3
2
1
0
0m    10m    20m    30m    40m    50m    60m


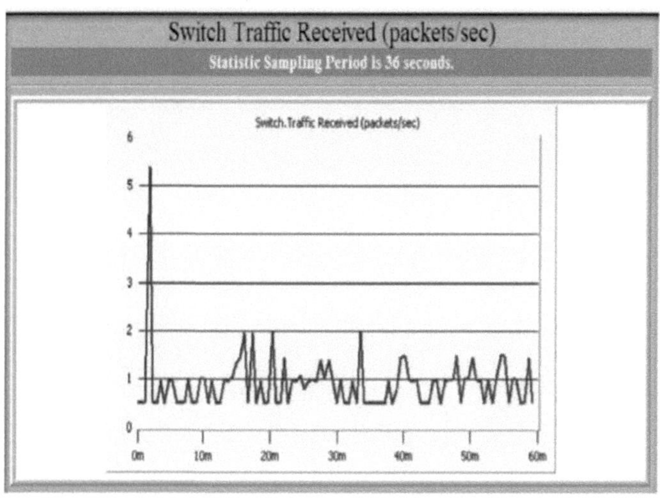


Switch Traffic Received (packets/sec)
Statistic Sampling Period is 36 seconds.
Switch.Traffic Received (packets/sec)
6
5
4
3
2
1
0
0m    10m    20m    30m    40m    50m    60m

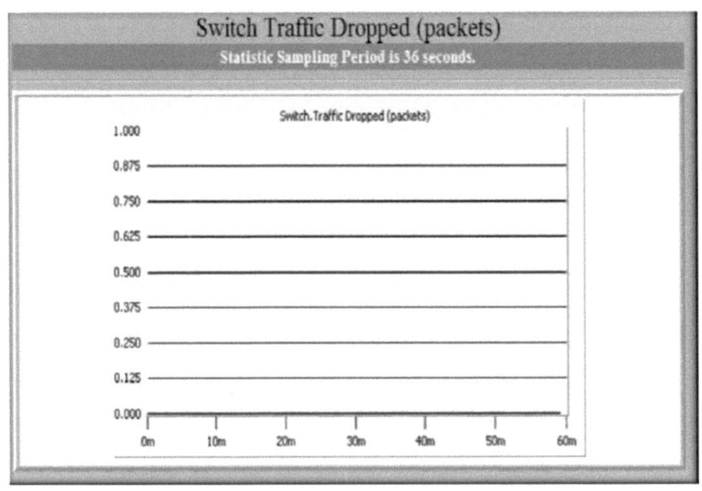


Switch Traffic Dropped (packets)
Statistic Sampling Period is 36 seconds.
Switch.Traffic Dropped (packets)
1.000
0.875
0.750
0.625
0.500
0.375
0.250
0.125
0.000
0m   10m   20m   30m   40m   50m   60m


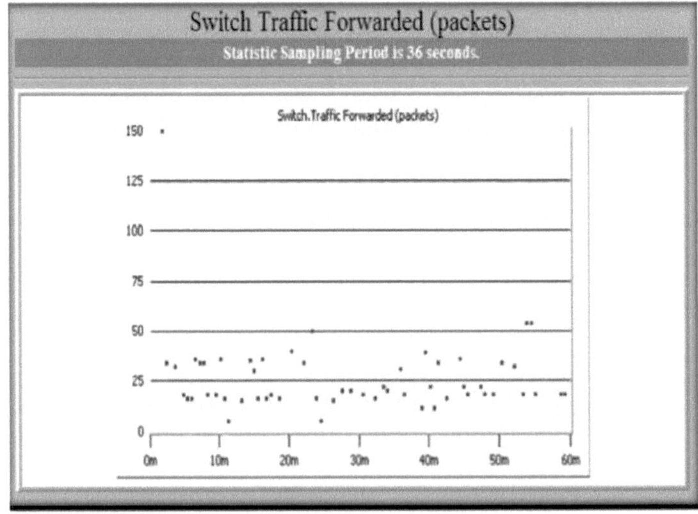


Switch Traffic Forwarded (packets)
Statistic Sampling Period is 36 seconds.
Switch.Traffic Forwarded (packets)
150
125
100
75
50
25
0
0m   10m   20m   30m   40m   50m   60m

# Switch Traffic Forwarded (packets/sec)

**Statistic Sampling Period is 36 seconds.**

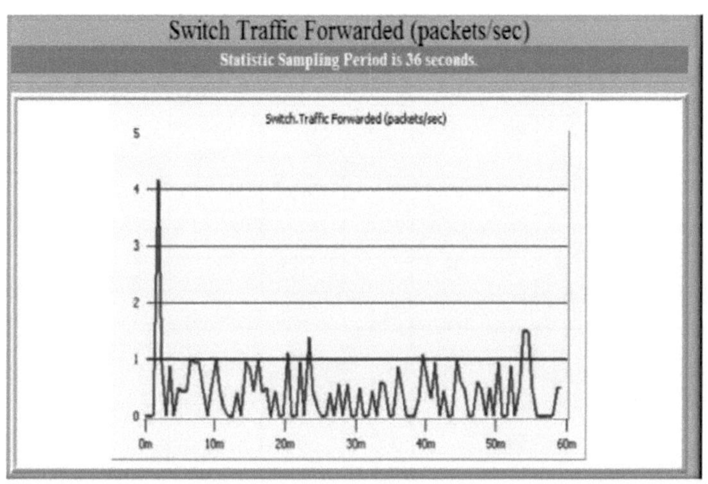


# Switch Traffic Received (packets/sec)

**Statistic Sampling Period is 36 seconds.**

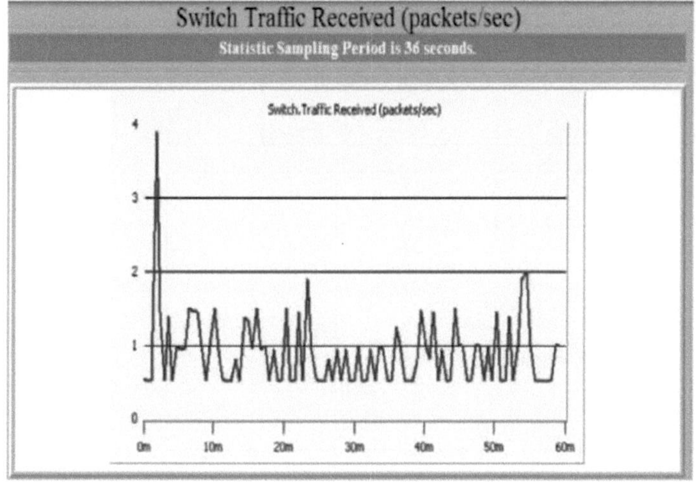

# Apêndice B
# RESULTADO DA SIMULAÇÃO DE VLAN

| Estatísticas | Média | Máximo | Mínimo |
|---|---|---|---|
| MAN MAN 10 Tráfego de difusão rejeitado (bits seci | o | 0 | 0 |
| MAN MAN 10 Tráfego de difusão rejeitado (pacotes seci | 0 | 0 | 0 |
| MAN MAN 10 Tráfego interrompido (bits seg.) | 1129 | 561.78 | 000 |
| MAN MAN 10 Tráfego interrompido ¡pacotes seg i | 0.01889 | 0.94444 | 0 00000 |
| MAN MAN 10 Tráfego recebido (bits seci | 15 00 | 509.78 | 0.00 |
| MAN MAN 10 Tráfego recebido ¡pacotes seg l | 0.01444 | 0.44444 | 0 00000 |
| MAN 10 Tráfego enviado (bits por segundo) | 12.44 | 557.78 | 0.00 |
| | 0.01000 | 0.38889 | 0.00000 |

| Estatísticas | Média | Máximo | Mínimo |
|---|---|---|---|
| XIAN MAN 20 Tráfego de difusão interrompido (bits seg.) | 0 | 0 | 0 |
| MAN MAN 20 Tráfego de difusão interrompido (pacotes seg.) | 0 | 0 | 0 |
| MAN MAN 20 Tráfego interrompido (bits seci | 159.4 | 1.062.2 | 0.0 |
| MAN MAN 20 Tráfego perdido (pacotes seci | 0.2669 | 1.7778 | 0.0000 |
| MAN MAN 20 Tráfego recebido (bits sec i | 607.1 | 5,013.3 | 0.0 |
| MAN MAN 20 Tráfego recebido i pacotes seg i | 02228 | 1 7778 | 00000 |

| MAN MAN 20 Tráfego enviado (bits seg.) | 629.5 | 4933.3 | 0.0 |
| MAN MAN 20 Tráfego enviado (pacotes seg.) | 02617 | 1.6389 | 0.0000 |

| MAN MAN 30 Tráfego de difusão interrompido (bits seg.) | | | 0 |
| MAN MAN 30 Tráfego de difusão rejeitado (pacotes seci | 0 | 0 | 0 |
| MAN MAN 30 Tráfego interrompido (bits seg.) | 238.5 | 1,775.1 | 0.0 |
| MAN MAN 30 Tráfego interrompido I pacotes seg | 0.4003 | 2.9722 | 0.0000 |
| MAN MAN 30 Tráfego recebido (bits seg.) | 336.9 | 3,490.7 | 0.0 |
| MAN MAN 30 Tráfego recebido (pacotes por segundo) | 0.1692 | 1.4444 | 0.0000 |
| MAN MAN 30 Tráfego enviado (bits seg.) | 367.9 | 3.858.7 | 0.0 |
| MAN MAN 30 Tráfego enviado (pacotes por segundo) | 0.2231 | 2.0833 | 0.0000 |

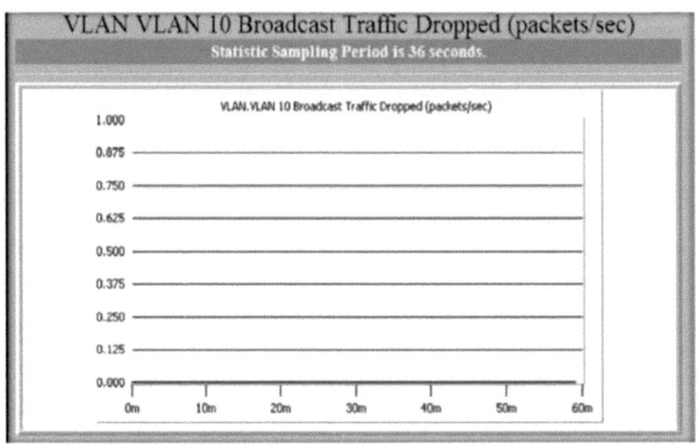


VLAN VLAN 10 Broadcast Traffic Dropped (packets/sec)
Statistic Sampling Period is 36 seconds.
VLAN.VLAN 10 Broadcast Traffic Dropped (packets/sec)
1.000
0.875
0.750
0.625
0.500
0.375
0.250
0.125
0.000
0m
10m
20m
30m
40m
50m
60m


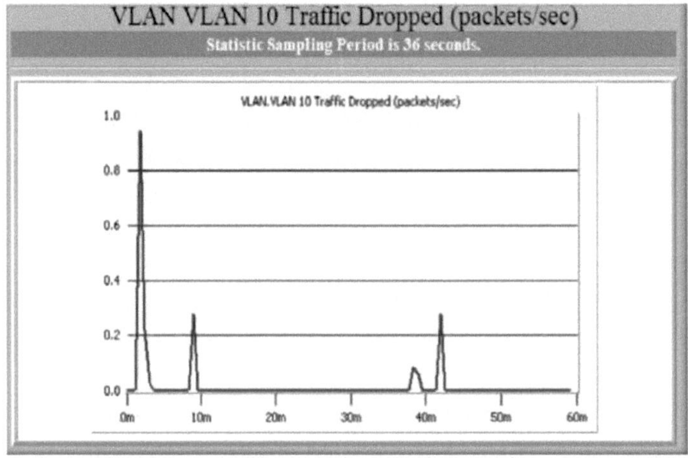


VLAN VLAN 10 Traffic Dropped (packets/sec)
Statistic Sampling Period is 36 seconds.
VLAN.VLAN 10 Traffic Dropped (packets/sec)
1.0
0.8
0.6
0.4
0.2
0.0
0m
10m
20m
30m
40m
50m
60m

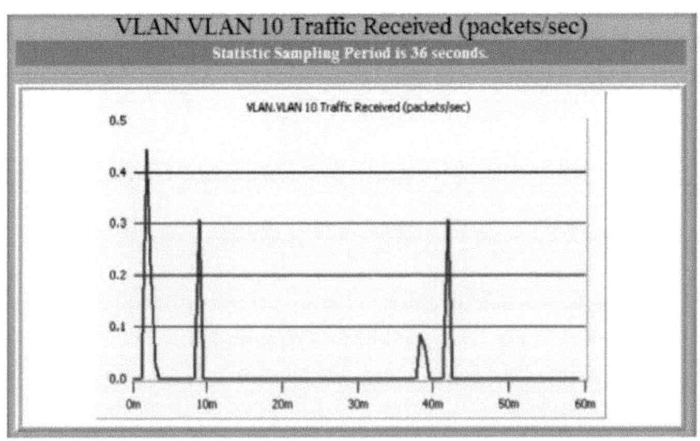

VLAN VLAN 10 Traffic Received (packets/sec)
Statistic Sampling Period is 36 seconds.
VLAN.VLAN 10 Traffic Received (packets/sec)
0.5
0.4
0.3
0.2
0.1
0.0
0m   10m   20m   30m   40m   50m   60m


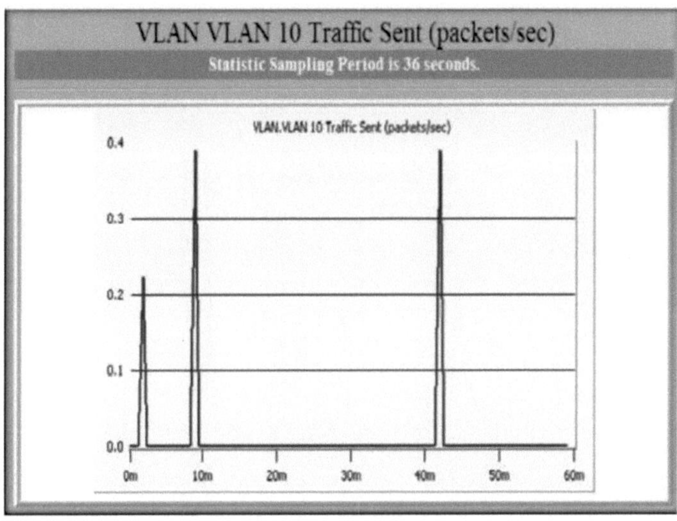

VLAN VLAN 10 Traffic Sent (packets/sec)
Statistic Sampling Period is 36 seconds.
VLAN.VLAN 10 Traffic Sent (packets/sec)
0.4
0.3
0.2
0.1
0.0
0m   10m   20m   30m   40m   50m   60m

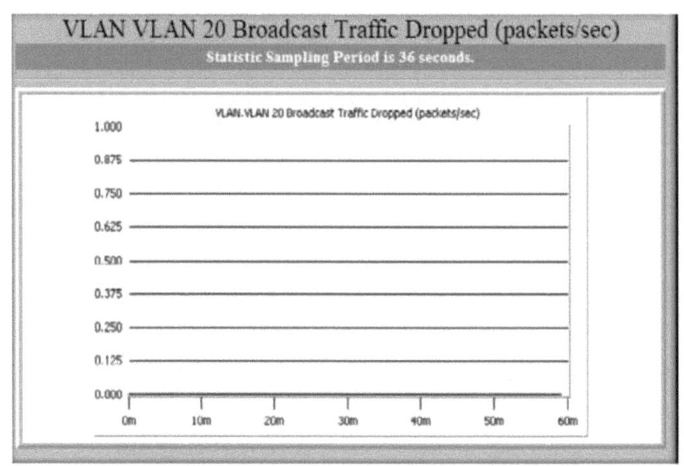

VLAN VLAN 20 Broadcast Traffic Dropped (packets/sec)
Statistic Sampling Period is 36 seconds.
VLAN.VLAN 20 Broadcast Traffic Dropped (packets/sec)
1.000
0.875
0.750
0.625
0.500
0.375
0.250
0.125
0.000
0m    10m    20m    30m    40m    50m    60m


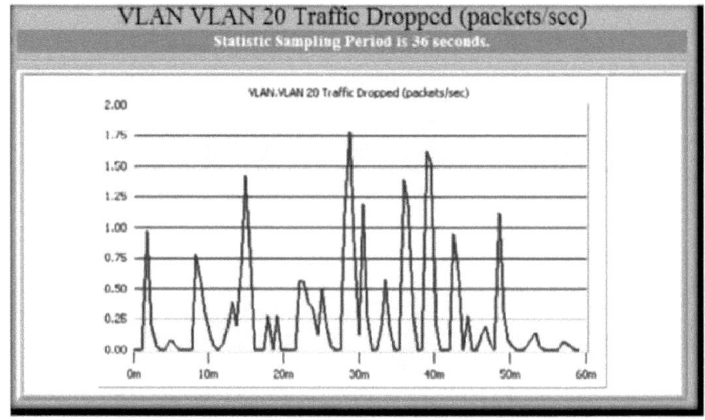

VLAN VLAN 20 Traffic Dropped (packets/sec)
Statistic Sampling Period is 36 seconds.
VLAN.VLAN 20 Traffic Dropped (packets/sec)
2.00
1.75
1.50
1.25
1.00
0.75
0.50
0.25
0.00
0m    10m    20m    30m    40m    50m    60m

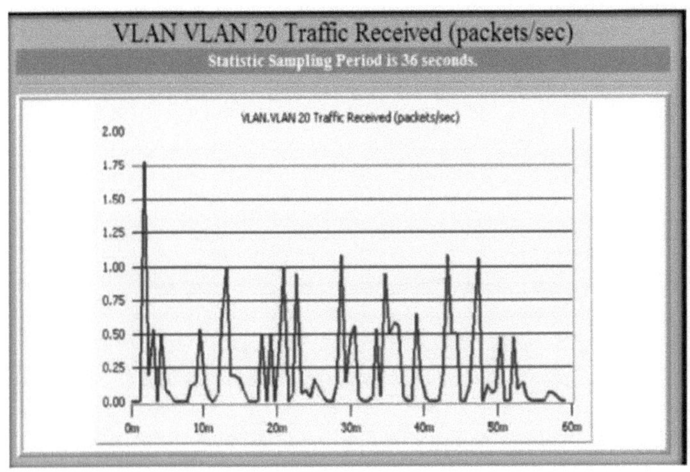

VLAN VLAN 20 Traffic Received (packets/sec)
Statistic Sampling Period is 36 seconds.
VLAN.VLAN 20 Traffic Received (packets/sec)
2.00
1.75
1.50
1.25
1.00
0.75
0.50
0.25
0.00
0m    10m    20m    30m    40m    50m    60m


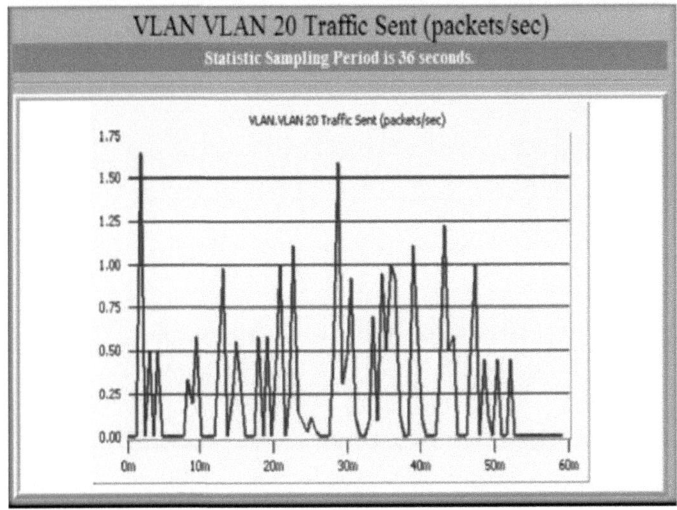

VLAN VLAN 20 Traffic Sent (packets/sec)
Statistic Sampling Period is 36 seconds.
VLAN.VLAN 20 Traffic Sent (packets/sec)
1.75
1.50
1.25
1.00
0.75
0.50
0.25
0.00
0m    10m    20m    30m    40m    50m    60m

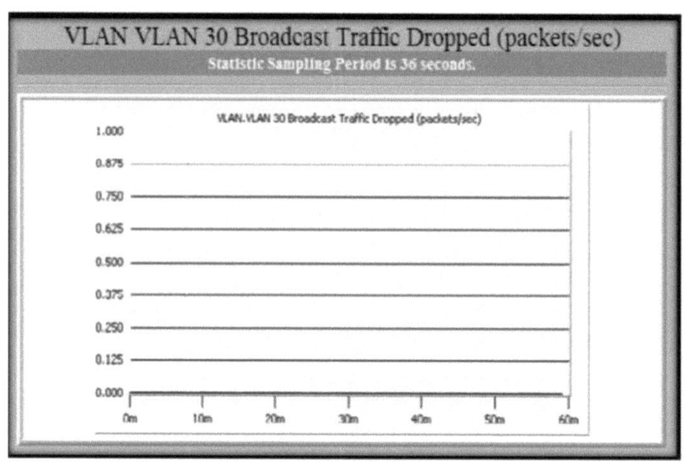

VLAN VLAN 30 Broadcast Traffic Dropped (packets/sec)
Statistic Sampling Period is 36 seconds.
VLAN.VLAN 30 Broadcast Traffic Dropped (packets/sec)
1.000
0.875
0.750
0.625
0.500
0.375
0.250
0.125
0.000
0m   10m   20m   30m   40m   50m   60m


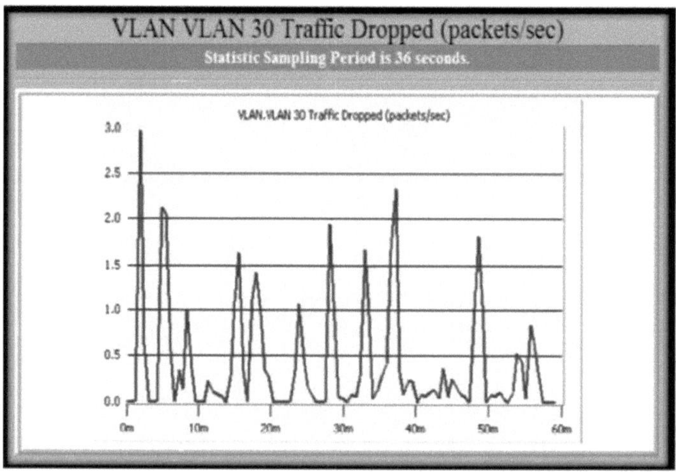

VLAN VLAN 30 Traffic Dropped (packets/sec)
Statistic Sampling Period is 36 seconds.
VLAN.VLAN 30 Traffic Dropped (packets/sec)
3.0
2.5
2.0
1.5
1.0
0.5
0.0
0m   10m   20m   30m   40m   50m   60m

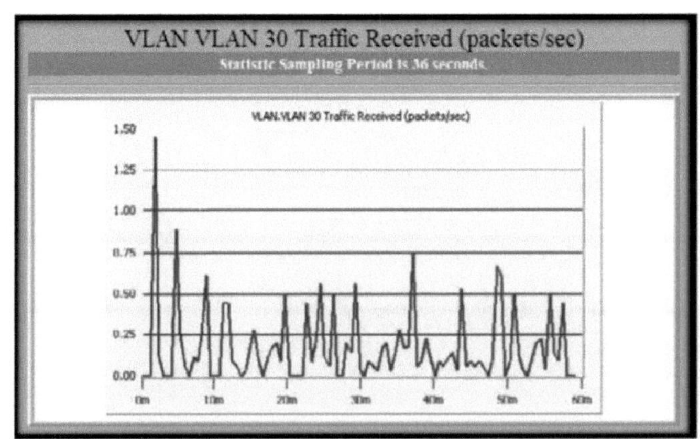


VLAN VLAN 30 Traffic Received (packets/sec)
Statistic Sampling Period is 36 seconds.
VLAN:VLAN 30 Traffic Received (packets/sec)
1.50
1.25
1.00
0.75
0.50
0.25
0.00
0m
10m
20m
30m
40m
50m
60m


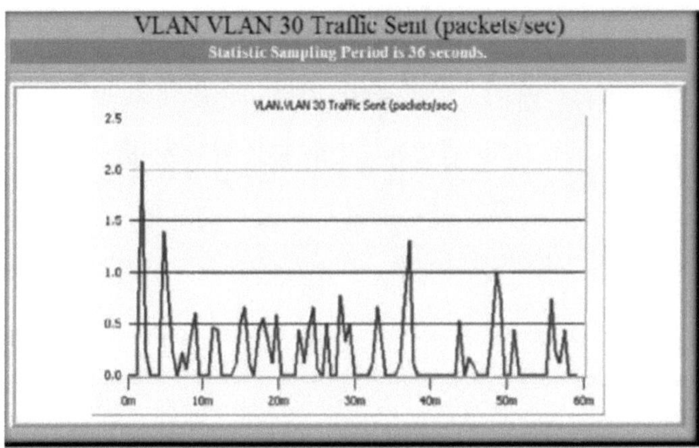


VLAN VLAN 30 Traffic Sent (packets/sec)
Statistic Sampling Period is 36 seconds.
VLAN:VLAN 30 Traffic Sent (packets/sec)
2.5
2.0
1.5
1.0
0.5
0.0
0m
10m
20m
30m
40m
50m
60m

## Ethernet

| Statistic | Average | Maximum | Minimum |
|---|---|---|---|
| Ethernet Delay (sec) | 0.0002666 | 0.0010397 | 0.0000578 |

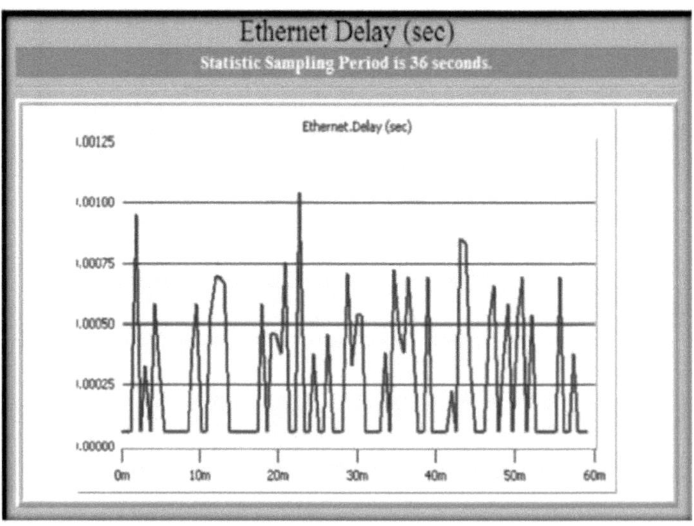


## Ftp

| Statistic | Average | Maximum | Minimum |
|---|---|---|---|
| Ftp Traffic Received (packets/sec) | 0.001111 | 0.055556 | 0.000000 |
| Ftp Traffic Sent (packets/sec) | 0.001111 | 0.055556 | 0.000000 |
| Ftp Upload Response Time (sec) | 0.0058898 | 0.0058898 | 0.0058898 |

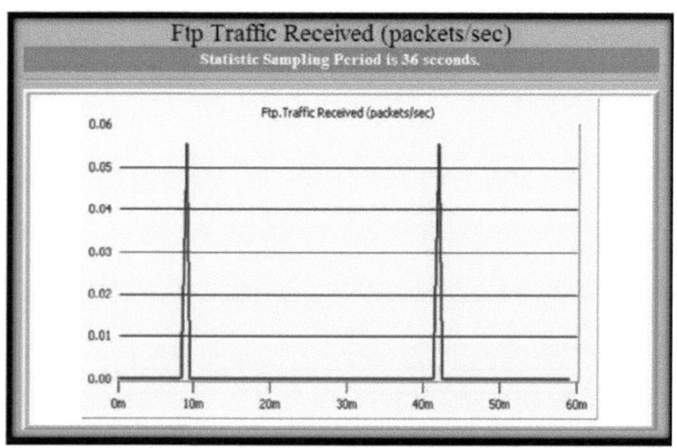

Ftp Traffic Received (packets/sec)
Statistic Sampling Period is 36 seconds.
Ftp.Traffic Received (packets/sec)
0.06
0.05
0.04
0.03
0.02
0.01
0.00
0m    10m    20m    30m    40m    50m    60m


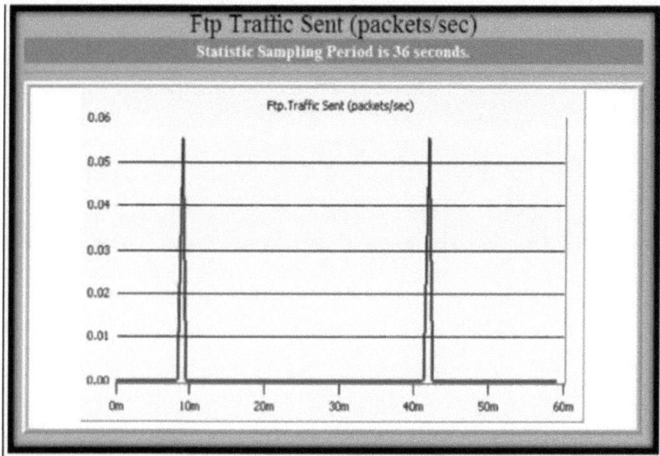

Ftp Traffic Sent (packets/sec)
Statistic Sampling Period is 36 seconds.
Ftp.Traffic Sent (packets/sec)
0.06
0.05
0.04
0.03
0.02
0.01
0.00
0m    10m    20m    30m    40m    50m    60m

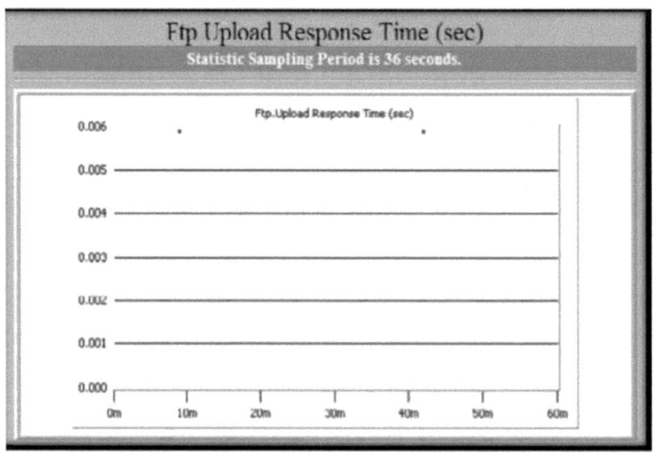


| HTTP | | | |
|---|---|---|---|
| Statistic | Average | Maximum | Minimum |
| HTTP Traffic Received (packets/sec) | 0 | 0 | 0 |
| HTTP Traffic Sent (packets/sec) | 0 | 0 | 0 |

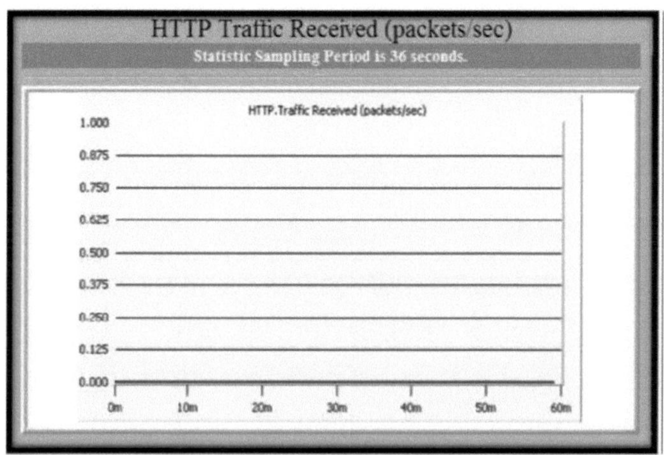
HTTP Traffic Received (packets/sec)
Statistic Sampling Period is 36 seconds.
HTTP.Traffic Received (packets/sec)
1.000
0.875
0.750
0.625
0.500
0.375
0.250
0.125
0.000
0m   10m   20m   30m   40m   50m   60m

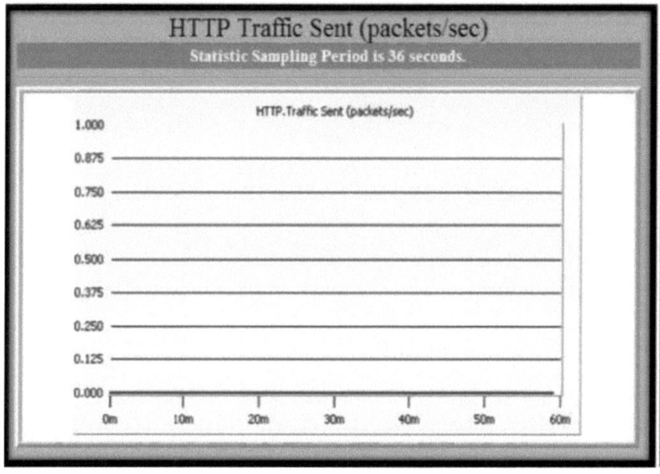
HTTP Traffic Sent (packets/sec)
Statistic Sampling Period is 36 seconds.
HTTP.Traffic Sent (packets/sec)
1.000
0.875
0.750
0.625
0.500
0.375
0.250
0.125
0.000
0m   10m   20m   30m   40m   50m   60m

Buy your books fast and straightforward online - at one of world's fastest growing online book stores! Environmentally sound due to Print-on-Demand technologies.

Buy your books online at
**www.morebooks.shop**

Compre os seus livros mais rápido e diretamente na internet, em uma das livrarias on-line com o maior crescimento no mundo! Produção que protege o meio ambiente através das tecnologias de impressão sob demanda.

Compre os seus livros on-line em
**www.morebooks.shop**

Printed by Books on Demand GmbH, Norderstedt / Germany